できる教師のすごい習慣

山中伸之［著］
YAMANAKA Nobuyuki

学陽書房

◆……はじめに

教師の仕事はとっても忙しいと言われます。

もちろん、教師の仕事が世の中で一番忙しいなどということはありません。教師よりも忙しい職業は世の中に数え切れないくらいあります。

しかし、教師の多くが休憩時間も休息時間もなく働き、勤務時間の終了とともに退勤することが悪いことだと思われるほど、当たり前に残業をし、どの学校にも必ず休日に出勤している教師がいることもまた事実です。

こういう忙しさが、教師の心身を疲れさせています。

でも、教師が疲れるだけならばまだいいのです。怖いのは教師の疲れが、教師だけの疲れにとどまらないということです。

教師の疲れはそのまま教師の目の前の子どもたちに影響します。教師が元気はつらつならば、子どもたちも元気はつらつになります。反対に、教師が疲れて元気がなければ、子どもたちもまた元気がなくなります。

ですから、教師が仕事の忙しさから解放され、疲れを癒し、心身ともに元気はつらつとして子どもたちの前に立つことは、子どもたちが元気になるためにとても大事なことなのです。

では、そのためにどうしたらいいでしょうか。

それは、少しでも教師の仕事を効率化し、教師に時間的なゆとりを作り出すことです。時間的なゆとりは心のゆとりを生み、心のゆとりは健康な身体づくりを大きく後押しするでしょう。

本書には、私が27年間の教師生活を通して身に付けた、仕事を少しでも効率化するような具体的な実践を盛り込みました。

ひとつの実践で短縮できる時間はほんのわずかかもしれません。しかし、そのほんのわずかな時間が、一年間、二年間という長い期間積み上げられると驚くほど長時間になります。

そうなった時、一つひとつの実践は皆さんにとって「すごい習慣」となるでしょう。

仕事を効率化するのは教師が楽をするためではありません。教師が元気になり、その元気で子どもたちを元気にするためです。

「すごい習慣」を身に付けて、日本中の子どもたちを元気にしてください。

平成二十年三月

山中伸之

3 作業効率アップの秘訣……57

4

差のつく研究・研修のワザ

5

学級経営を変えるアイデア……119

1

時間はこうしてつくり出す

1日は誰にでも24時間。しかし、工夫次第で、
時間は生み出すことができるのです。コツは
わずかな時間を積み上げることから。

すごい習慣
1

朝は5時前に起きる

早起きをして、家事や出勤の準備の前に30分の時間を確保する。朝は驚くほど仕事がはかどり、仕事全体の回転が速くなる。

もしもあなたが毎日5時30分に起きて、洗濯機を回し、炊飯器のスイッチが入っているかを確かめ、家族の朝食の準備を始めているとしたら……。

明日からは5時前に起きましょう！

5時前に起きれば、家事を始めるまでに30分、よぶんに時間が取れます。1日わずか30分などとあなどってはいけません。1日30分でも、土・日を除いた1週間では2時間30分。1か月なら約10時間。1年間これを続ければ、何と100時間以上となります。

本も読めるしテストの採点もできます。子どもの日記に赤ペンを入れることも、ちょっとした教材研究も可能です。

朝は頭がすっきりしているので効率がよく、しかも終了時刻が決まっているので集中力も高まります。睡眠時間の減少が気になるなら、床に就く時間を30分早くすればいいのです。就寝前の30分は意外に生み出せるものです。家事を分担していたり、もしもラッキーなことに家事をしなくていい立場なら、この効用は計り知れません。

ポイント

◎朝の仕事の30分以上前に起きる
◎最初は眠くても続ける
◎仕事の準備をして眠る

●私の場合

5時前に起床するようになってから何年も経ちます。きっかけは、国語授業の名人、野口芳宏先生が、朝5時前に起きて原稿を書かれていた、と聞いたことからです。

始めの頃は5時に起きるのが眠くて仕方がありませんでした。

正直に言えば、起きても何もできずにぼんやりしていることもありました。

しかし、続けているうちにちゃんと仕事ができるようになるから不思議です。

どうしても眠いときは、仕事をあきらめてゆったりとコーヒーをいれることにします。

そんな至福の時間もまた仕事への活力となるのです。

通勤時間に所見を練る

通勤時間を利用して通知票の所見の文章を考える。行きと帰りに数人ずつ考えれば、約1週間で所見の原案ができあがる。

通勤時間を利用して、通知票の所見にどんな内容を書くかを考えます。朝、家を出るとき、夕方、学校を出るとき、「これから2人分の所見を考えるぞ」と強く決意します。

文章そのものをきっちりと考えるというわけにはいきません。だいたいこんなことがらを書こうという程度でいいのです。

たとえば「山中君はここのところ、朝の挨拶の声が大きくなってきた。それに表情がいい。朝の読書では豊臣秀吉の本をずっと読んでいたな。社会科の調べ学習も秀吉だったな」という具合です。数人考えたら、忘れないように頭の中で何度か繰り返します。

学校に着いたら（家に着いたら）、考えていたことを所見下書き一覧表にすぐにメモします。下書き一覧表は必ず作り、机の引き出しに入れてさっと取り出せるようにしておきます。

電車通勤の場合、メモすることができても、誰に見られているとも限りませんから、メモはしない方が無難です。どうしてもメモとして残したい場合は、「挨拶、表情、秀吉」程度にします。子どもの名前や具体的な事実は絶対に書かないようにします。

ポイント

◎家を出る前に強く決意
◎だいたいの内容を考える
◎着いたらすぐにメモする

●私の場合

私は現在、片道25分程度の自動車通勤をしています。

その往復で5、6人分の所見の内容を考えます。

同じ道を長らく通っていると、この店の前が通勤距離の約半分、この交差点を過ぎたら学校まで約5分、などということがわかってきます。

「あの店の前を通るまでに1人分考えよう」「あの交差点を過ぎるまでにもう1人分を考えられれば、残り時間でさらに1人分考えられる」などと、目安を持つことができます。

内容があまり思い浮かばない子がいたら、その日はその子の言動をいつもより注意して見ることにしています。

玄関に入る前の5分で

駐車場に着いたら、そのまま運転席で5分間の読書をする。
1日5分でも1か月に1冊の本が読める。

電車通勤の場合、通勤時間を利用して読書をするのは当たり前のことでしょう。しかし、自動車通勤の場合は運転しながら読書をするわけにはいきません。

でも、この方法を続ければ、自動車通勤をしている人でも、読書の時間を確保することができます。

1日たった5分間。

この時間を利用して年間に数冊の本が読めます。本の内容はもちろんですが、それを続けたという事実が、仕事や人生に大きな成果をもたらしてくれます。

限られた時間ですから、1項目が2、3ページで構成されているような本がお勧めです。小説や1項目が長いものはお勧めできません。読書をやめるタイミングが難しいからです。

また、今すぐ必要な知識を得るための読書にも向きません。雑学本や自分の趣味の本、心温まるエピソード集、先人の名言集などがお勧めです。

朝の5分間はなかなかつくりだせないと思われるかもしれませんが、習慣になってしまえば、それほどたいへんではありません。体と頭に覚え込ませてしまえば大丈夫です。

ポイント

◎車内に本を置いておく

◎1項目が2、3ページの本を

◎習慣化するまで続ける

●私の場合

これを始めたのは、たまたま車内に長らく読まずに放置してあった文庫本を見つけたからです。

車を降りる前に数ページだけ読んでみました。

するとちょっといい感じでした。

何だか「朝から勉強したなぁ」っていう気持ちで、職員玄関まで歩く足取りも、こころなしか力強くなったような気分でした。

それ以来、今では常に車の中に数冊の本を置いています。

仕事が忙しいときには読まずにさっさと職員室に向かいます。反対についつい読みふけってしまい、慌てて職員室に向かうこともあります。絶対にやらなければいけないことではないのです。

軽い気持ちでやることが長く続けるコツかもしれません。

見たいテレビは録画する

録画なら、CMの時間を短縮することができる。
都合のよい時間帯に見られる。自分のタイミングでやめられる。

テレビは見なくても困りませんが、見たいドラマがあると気になるものです。
また、小学校高学年や中学生を担任していると、共通の話題を持ったり、流行を知ったりするために見ておきたい場合もあるでしょう。

しかし、放映されている時間に見るためには、自分の仕事をかなり制約されることも確かです。そこで、見たいテレビ番組、見ておきたいテレビ番組を録画して見ることで時間を節約します。

一つのテレビ番組中のCMの時間は1時間あたり最大で6分となっているそうです。番組が始まる前のCMの時間も含めれば、もっと長くなります。しかし、録画して見ることでこの時間をスキップすることができます。

最近のビデオレコーダーはCMを録画しない機能があります。ハードディスクやDVDに録画すれば検索も速くて便利です。それに録画の操作が昔と違ってとても簡単になりました。Gコードと呼ばれる番号を入力するだけでできるのです。

録画をしておくと、後日教材として使うこともできます。

ポイント

◎テレビ番組は録画して見る
◎ＣＭはスキップする
◎都合のよい時間に見る

●私の場合

テレビ番組を録画して見る習慣がついたせいか、普通にテレビ放送を見ているときでも、ＣＭになるとリモコンの早送りのボタンをつい押してしまいます。

押しても早送りにならないので、リモコンが壊れたか、電波（赤外線？）が届かないか、ビデオが壊れたのかと一瞬考えます。それからやや時間があってやっと、今見ているのは録画ではないのだということに気付き、軽いショックを受けるのです。

これに懲りて、今度は録画で見ているのに、ＣＭの時間になってもじっとがまんして、番組の再開を待っていたということもありました。

人間は環境にすぐに慣れてしまうものですね。

テストは数か所で集める

テストは出席番号順に集める。出席番号の1番、11番、21番、31番の子が10人分ずつを集めれば、素早く集まる。

テストの集め方にもいろいろあります。

座席の順に、各列の最後尾の子が集めてくる方法、終わった順に教卓の上に重ねていく方法、一斉に終えてランダムに教卓の上に重ねていく方法、最後に番号順に教師が集める方法などなど。

番号順に集めようと思わなければ、集めるのにかかる時間は短縮することができます。しかし、その場合、名簿に記入するなどの事後処理で一手間多くかかることになります。

番号順に、しかも短時間で集めるには、数か所で同時に集めることです。

出席番号1番の子の座席のところには、1番から10番までの子がテストを持って集まり、番号順に重ねていきます。

同様にして11番、21番、31番の子も集めます。

最後に、10枚ずつの束を教卓の上で番号順に重ねます。

これならば、短時間で番号順に集めることができます。

何度か練習すると、低学年の子どもたちでもちゃんとできるようになります。

ポイント

◎3～4か所で同時に集める
◎1か所で集めるのは10人以下
◎最後は教卓にまとめる

●私の場合

中学校とか高等学校では出席番号順に座席を並び替えてテストを行ったりしますが、小学校でこれを真似しようとすると、かえってたいへんです。

まず、席を移動するのにひと騒ぎ。他の子の机の中を覗いたり、いたずらしようとする子がいたり。何といっても、大きさの合わない机に当たってしまった子はかわいそうです。窮屈な姿勢では、テストどころではありません。

この方法にしてみたら、とてもスムーズにできました。

たまに、「何秒で集められるか、時間を計ってみるよ」などと言って時間を計ります。すると、集めるスピードがどんどんと速まってきます。

テストを集める以外にも、提出物や宿題を集めたり、ノートを回収するときなど、いろいろ役に立ちます。

職員室にティータイムはない

ティータイムもコーヒーブレイクも、もともとないものと考えて最初から仕事の時間に割り当てておく。

これは気持ちの持ち方の問題です。

教員は職員室でのんびりとお茶を飲む時間など、もともとありません。昼休みにさえ、委員会活動や打ち合わせが当たり前のように入ってくる学校は多いでしょう。

いきおい、「忙しくてお茶を飲む時間もない」と愚痴の一つも言いたくなります。しかしそんな姿勢では、仕事の能率も上がりません。

そこで、ここは発想の転換です。もともと「お茶を飲む時間はないのだ」と思っておくのです。すると、仕事があって当たり前、もしもお茶が飲めればラッキーだという気持ちになれます。仕事もはかどり、1杯のお茶もよりおいしく感じられます。

とはいえ、水分の補給は大切なことです。特にエアコンのない学校では夏場の水分不足は体調不良につながります。

そこで、ペットボトルや水筒を準備しておき、さっと水分を補給します。子どもたちにも夏場の水筒持参を呼びかけている学校ならば、教室に置いておいてもいいと思います。

ポイント

◎「ティータイムはない」と考える
◎ペットボトルや水筒を準備
◎教室で水分補給

●私の場合

若い頃、職員室にもどるとお茶を勧められるので、その時間がもったいなくて、職員室に滅多にもどらなくなっていた時期がありました。

子どもと遊び、のどが乾けば水道の水を飲んでいたのです。

しかし、これはたいへん評判が悪かったということを後で知りました。

同じ学年を組んでいた先生が、他の先生に「なかなか職員室に来ないからちょっとした打ち合わせもできない」とこぼしていたのを聞いたのです。

それからは、休み時間の最後の5分くらいは職員室にもどり、打ち合わせの時間を持つようにしました。

コミュニケーションを損ねるようなことになっては本末転倒ですから。

下校は速やかにさせよ

放課後、いつまでも教室に子どもを残さない。速やかに下校させる。仕事の時間も確保でき、子どもも明るいうちに帰宅できる。

帰りの会が終わって、さようならのあいさつが済んだら、すぐに子どもたちを下校させます。

子どもたちの中には、さようならのあいさつが済んでも教室に残って、友だちと話をしたり担任のところへ話をしに来たり、ちょっとした遊びや係活動をしたりする子がいます。その子たちが帰るまで担任は教室を離れることができませんし、成績処理などの仕事をすることもできません。なるべく速やかに子どもたちを下校させることで、時間を生み出し、仕事の効率を上げることができます。

また、近年は子どもたちの登下校時の安全確保が大きな課題の一つにもなっています。明るいうちに、大勢の子どもたちと帰ることで、事故に遭遇する機会を大きく減らすこともできます。

子どもたちを速やかに下校させるには、

○ランドセルを背負い荷物をもってあいさつをする。
○じゃんけんをして勝った子から順に帰る。
○一緒に下駄箱まで行き、そこであいさつをする。

などの方法があります。

ポイント

◎ランドセル背負って「さようなら」
◎帰りの会を短時間で行う
◎一声かけて心をつなぐ

● 私の場合

若い頃は、放課後子どもたちと遊ぶのが大きな楽しみでした。トランプをしたりメンコをやったりサッカーをしたりしました。

遊びの中で子どもたちがもらすちょっとした言葉から、指導のヒントを得たり方針を考えたりすることもたくさんありました。何より子どもたちと仲良くなることができました。

ますます多忙になる教育現場の実情や、子どもたちの安全確保という観点から、そういう体験ができなくなるのはとても寂しいことでもあります。

さようならをした後のわずかな時間ではあっても、子どもたちに一声かけて、心をつないで明日につなげたいものだと思います。

帰宅時刻を先に設定する

帰宅時刻を先に設定し、仕事をする時間を逆算して考える。時間が限られるので集中して効率よくできる。

時間がいくらでもあるとなかなか仕事に集中できないものです。

でも、それではせっかくの貴重な時間を効率よくつかえず、無駄にしてしまいます。

そこで、まず始めに帰宅時刻を決めてしまいます。

例えば、帰宅時刻を午後6時30分にしたとします。職場から1時間かかるなら、5時30分には退勤しなければなりません。職員会議が4時30分まであるとすれば、仕事に充てる時間は1時間となります。

こうして仕事の時間を算出したら、その時間にやらなければならない仕事と、やればできる仕事を考えます。

当然、どうしてもやらなければならない仕事を優先させます。仕事にかけられる時間が限られているので、自然と集中して仕事に取り組むことができます。また、どの仕事ならば残りの時間で可能かを考えるために、効率的に仕事ができるようになります。

朝から時間を意識すれば、わずか5分の隙間時間さえ有効に活用することができます。

ポイント

◎帰宅時刻をまず決める
◎やるべき仕事を優先する
◎時刻になったらすっぱりやめる

●私の場合

健康のために、毎夕、帰宅してからウォーキングをしています。

そのため、退勤時刻を毎日午後5時50分と決めました。

子どもたちの下校を見送ると、時刻はだいたい午後4時15分です。そこからの約90分間が事務処理等の時間となります。時間との勝負です。

まず、毎日必ず発行している学習指導通信の原稿を書きます。

書き上がったら印刷をし、残りの時間を見て、時間内に終わりそうな仕事を片付けます。

そして、5時45分にはすっぱり仕事をやめ、明日の段取りの確認をし、5時50分には必ず退勤します。

費やす時間は以前より減りましたが、支障なく仕事をこなしています。

集中と効率化のおかげです。

すごい習慣
9

わずかでもいいからやる

時には目の前の仕事の多さに途方に暮れることも。そんな時はほんの少しでもいいからやってみる。すると、世界が変わる。

0と1の差は大きいです。0はどんなに集まっても0ですが、1は100個集まれば100になります。

やるべき仕事が多くて、どこからやったらいいか途方に暮れてしまうことがあります。仕事の山を前にして、出るのはため息ばかり。何もする気がおきません。

しかし、これは仕事の山を見てしまうからです。仕事全体を見てしまうからその量に圧倒されてしまうのです。

こんな時は、まずどの仕事でもいいから、ほんの少しでもいいからやってみることです。すると、それまで0だった成果が1になります。

これは大きな差です。仕事が片づいた感じがします。

この時決して、この100倍やらなければならないとか、時間はこの100倍はかかるかもしれないとか、全体量のことを考えてはいけません。たくさんの仕事をこなす極意はまず「木を見て森を見ず」です。

人間、わずかでも成果があがればうれしいものです。

一つの仕事をやり終えた人だけが、全ての仕事をやり終えることができます。

ポイント

◎仕事の全体量を考えない
◎まず一つの仕事をやる
◎できたことを大げさに喜ぶ

●私の場合

私は今、学習指導主任をしています。

学校課題研究主任もしています。

現職教育も担当しています。

学校の特別プロジェクトの情報教育主任もしています。

道徳主任もしています。

初任者指導教員（コーディネーター）もしています。

ボランティア教育を担当し、キャリア教育主任を兼ね、安全教育主任をしています。

学級担任はありませんが、3年生から6年生までのクラスに出て、授業は週に26時間あります。

回されてくる公文書の数も多く、報告書も多く、いつの間にか机の上は処理すべき仕事が山のようになります。

そんなとき、「まず一つだけ片付けよう」と思って乗り切ります。

できないことはあきらめる

できないことが悪いのではない。できないことを知らない、認めないことが悪い。
できないことを自覚すれば道は開ける。

教師は真面目で優等生が多いので、「自分に与えられた仕事はできる限りやらなければいけない」「できないと言う前に全力を尽くしてみなければならない」と本気で思います。

そして、うまくいかなかったら「自分はこんな仕事しかできない半人前だ」「まだまだ努力が足りなかった」と自分を責めるのです。

しかし、人間どんなに努力してもできないものはできません。

できないことでも、最大限努力することは大切です。それを子どもたちに説くことも教師の仕事としては崇高なことです。でも、それは現実の生活にはそぐわない場合もあります。

できないことに力を注いだために良好な結果が得られず、かえって迷惑をかけることもあります。努力をしたという満足感は残るかも知れませんが、徒労感はつのり自尊感情は低くなります。

できないことを自覚し、できないことを頼まれたら潔く断ることも仕事の質を高めるためには必要なことです。そのかわり、自分にできることにできる限りの時間と手間をかけ、最高に質のよい仕事をするのです。

ポイント

◎できなくても気にしない
◎できないことは断る
◎できることに全力を注ぐ

●私の場合

失敗がある程度許される若いうちは、何でもかんでも引き受けてやってみることも大切です。

私も採用になった頃は、言われた仕事は何でもやりました。

その結果、いつの間にか校内の便利屋的な存在になってしまい、担当者が曖昧な仕事はみんな回ってきました。

正直おもしろくないなぁと思うこともありました。

でも、そうやってたくさんの仕事に関わったおかげで、自分にできることとできないことの区別が分かりました。

自分が自信を持ってできることが分かってくると、反対にできないことを潔く断ることができるようになりました。

気をつけて帰るんだよ〜
さよ〜なら〜
ハーイ

2

情報整理のポイント

有益な情報も、ただ集めただけではその価値は十分に発揮されません。まずは「集める―分ける―生かす」の三段階を意識して。

すごい習慣 11

情報はラジオから得る

テレビを見ようとすれば目と耳を集中しなければならない。ラジオならば目は自由になる。目が自由になれば指も自由になる。

私たちが新鮮な情報を手に入れる手段は大きく三つあります。テレビ、新聞、ラジオです。

このうち、「ながら作業」ができるのはどれでしょうか。

新聞を読みながら朝食の準備をするのは、何か特別な仕掛けでもない限り無理でしょう。

テレビを見ながら朝食の準備をするのはどうでしょうか。音声を聞きながら、時々画面を見る程度ならできるかもしれませんが、心許ない感じです。

この二つは「ながら作業」には向かないと言えるでしょう。

その点から考えると、ラジオは「ながら作業」のできるたいへん便利な道具です。ラジオを聞きながら朝食の準備をするのは、むしろ自然な風景といってもいいかもしれません。

朝食の準備だけでなく、簡単なテストの採点をしたり、はさみで図形を切り取ったり、紙を糊で貼り付けたり、単純作業をしながらラジオを聞くと、思わぬ情報を得ることができます。

この時にニュースを聞いておけば、改めて新聞を読んだりテレビを見たりする時間をとらなくても済みます。

ポイント

◎テレビはつけない
◎ラジオをつける
◎単純作業をしながら聞く

●私の場合

「聞きながら」作業ができるのは、ラジオに限りません。

単純作業ならば、講演や講座のＣＤやカセットテープを聞きながらでも作業ができます。

私はよく講演会のＣＤを聞きながら単純作業をします。

それほど注意深く聞いていなくても、うっすらと頭には残ります。

その程度でも、音楽を聞くよりは勉強をしたような気分になります。

音楽といえば、どこの学校にも音楽指導用のＣＤがあると思います。それを聞くのは教材研究にもなります。

同様に、国語の朗読ＣＤを聞くのも、プロの朗読を繰り返し聞くよい機会になります。

新聞は読まない

新聞は見出しだけを読む。それで十分な場合が多い。
もう少し知りたいときはリードを読む。それ以上は読まない。

新聞を読んでいると、自分にとって2種類の情報があることに気付きます。知らなかった情報とすでに知っている情報です。

すでに知っている情報を改めて読むのは時間の無駄ですが、意外にこれをしていることが多いのです。それは、原則的に読むという作業は抵抗の強い作業にもかかわらず、知っている情報を読む場合に限ってはその抵抗が弱まり、読みやすくなるからです。

すでに知っている情報を改めて読んで知識を確実にしたり、再び感動を味わったりすることが目的ならば別ですが、そうではない場合には大きな時間のロスになります。

これを避けるためには、新聞を詳しく読まないことです。見出しだけを読めばだいたい分かります。重要な記事の場合はリードを読みます。それで十分です。

本文を読んでも細かい内容はほとんど覚えていません。読みたくなるのは読んでいる瞬間だけの精神的な満足感を得るためです。本文をどうしても読みたいときは、その部分だけを破り取って、時間のあるときに改めて読みます。

ポイント

◎新聞は見出しだけ読む

◎必要ならリードまで読む

◎読みたい本文は破り取る

●私の場合

若いうちからコンピュータに慣れ親しんでいて、40歳前後の頃には毎日7～8時間もモニターを見つめる生活をしていました。

そのせいなのかどうか、人よりも早く老眼になったように思います。

今では、新聞の本文は老眼鏡がないと読めません。だから、どうしても読む気になりません。いつも老眼鏡がなくても読めるサイズの、大きな見出しと小さな見出し程度しか読みません。

それで情報が入手できなくて困ったことがあるかというと、どうも一度もなさそうです。テレビ、ラジオ、ネット、パンフレット、いろんなところから情報が入るからでしょう。

今は特別に関心のある記事しか、本文は読みません。

すごい習慣
13

メールマガジンをとる

無料で質のよいメールマガジンをたくさんとり、読んで必要なものは保存していく。いつの間にかデータベースができあがる。

メールマガジンとは電子メールで送られてくる雑誌です。数分から十数分で読めるものばかりです。中には数十秒で読めるものもあります。形式は電子メールそのものです。

自分のメールアドレスを登録すれば送ってもらえます。有料のものもありますが、多くは無料で読むことができます。あらゆるジャンルにわたって何万種類も発行されています。

ちょっと興味があるなと思ったメールマガジンにはどんどん登録して読んでみます。読んで「これはいい文章だな」と思ったら、フォルダをつくって保存しておきます。

これを1~2か月続けていると、必要のないものが自然と分かってきます。必要のないメールマガジンは配信解除します。

しばらくしたら保存したフォルダの中を見てみましょう。自分の興味がどういうジャンルにあるのかが明確に分かります。

また、ファイル名や単語の検索で必要なマガジンを見つけて読むことができます。1年間継続すれば、非常に質の良いデータベースができあがります。

ポイント

◎興味があったらすぐ登録する
◎いいと思ったらすぐ保存する
◎必要ないものは解除する

●私の場合

毎晩、メールマガジンを読んで保存するのに1時間くらいをかけています。

教育関連の情報のほかにも、子どもたちに話して聞かせられる話題も多く、とても勉強になります。

学級通信や保護者会のネタに使えるものもたくさんあります。

メールマガジンのいいところは、勝手に次々と送られてくるところではないかと思います。

未読メールとしてどんどんたまっていきますから、読まずに削除するにしても題名くらいは読みます。題名を読めば興味をそそられるものもあり、読んでみる気にもなります。

怠け者の身にはたいへんありがたいシステムです。

カバン・ハンドルに付箋紙

自分が毎日持ち歩くカバンや運転する自動車のハンドル部分に付箋紙を貼り、メモを書く。嫌でも目に付くので絶対に忘れない。

次の日、家から道具や資料を持って行かなければならないときがあります。また、子どもたちの登校の様子を見るために、いつもよりも早く出勤しなければならないときがあります。

そういうことを確実に覚えていればいいのですが、出勤してから気付いて失敗することもあるでしょう。メモをしても、その肝心のメモを見ることを忘れてしまったりします。

そんな失敗をなくす有効な方法があります。

嫌でも目に付くところに付箋紙を貼り、そこにメモを書いておくことです。

付箋紙を貼る場所は、自家用車で通勤しているならば、ハンドル部分がお勧めです。必ず目にとまります。

また、毎日持ち歩くカバンの取っ手の部分も有効です。携帯電話に貼り付けておくのも非常に目立ちます。

前日だけではなく、数日前から貼っておけば記憶にも残りやすくなります。

ポイント

◎ハンドルに付箋紙を貼る
◎カバンや携帯電話に付箋紙を貼る
◎最重要事項はＡ４判の紙を貼る

●私の場合

勤務していたときにはいつも頭にあった重要なことも、帰宅した瞬間に忘れてしまうことがあります。

そして翌日出勤してから、また思い出して後悔することになります。

ある日、どうしても忘れてはならないことがあり、心配だったので自動車のハンドルに付箋紙を貼ってメモを書いておきました。

これが非常に有効でした。

でも慣れてくると見落とすこともあります。そこで、付箋紙の色や大きさをいろいろと変えています。

絶対に忘れてはならないときにはＡ４判の紙をそのまま貼り付けてしまいます。この威力は絶大です。

どこでもいい、一言メモする

ひらめきは時間との勝負。気付いたらメモ用紙を探す時間を惜しんで、何にでもいいから一言書く。これが後におおいに役立つ。

授業をしていたり、事務処理をしていたり、歩いていたり、ひらめきは時と場所を選ばずにやってきます。そして多くの場合、それが頭にとどまっている時間は非常に短く、極端な場合には次の瞬間に忘れていることさえあります。

ですから、ひらめきを残すのは時間との勝負です。そして、ひらめいたらすぐにメモすることが何よりも重要です。

ところが、教員にはありがちですが、この時にメモ用紙を探してしまいます。ちゃんとしたメモ用紙でなくても、メモをしてもよいような紙を探してしまいます。

この探す時間が曲者で、この間にひらめきはすでに時空の彼方に消えていることが多いのです。メモ用紙が見つかったときには何をメモしたらいいかを忘れているのです。

ひらめいたら、何にでもいいから思い切ってメモすることです。テストの端でも、公文書でも（できれば鉛筆で）、黒板でも、体でも、何でもかまいません。

その瞬間にメモした一言が、後で大きく役立ちます。

ポイント

◎ひらめいたらすぐメモする
◎用紙を選ばず何にでもメモする
◎躊躇せず思い切ってメモする

●私の場合

学校では、反古紙がとてもたくさん出ます。リサイクルの意識が高まってから、裏に印刷していない反古紙はとっておくようにしている学校も多いのではないでしょうか。

この反古紙を利用してメモ用紙を作る人は多いでしょう。私もそうです。

以下に、私の簡単なメモ帳の作り方を紹介します。

A4判の反古紙（勤務校ではこれが1番多い）を50枚くらい重ねて半分に切り、A5判の大きさにします。よく揃えたら、断面の1か所にまんべんなく液体ののりを塗ります。

このまま重しを載せて、（辞書のようなものがいいでしょう）1日おけば手作りメモ帳のできあがりです。

思い立ったらボイスメモ

歩いているときや作業中にメモしたいことがある。ボイスレコーダーがあれば歩きながらでも、紙がなくてもメモができる。

児童生徒の個人記録作りに欠かせないのは、常日頃からの記録です。大げさなものでなく、ちょっとした子どもたちの様子や変化、善行などを記録に残しておき、定期的に個人の記録に転記していきます。ところが、記録に残したいと思うようなことはメモができる時にだけ起きるとは限りません。また、歩いているときに立ち止まって紙と鉛筆を取り出し、メモをするのは意外に面倒なことです。

こんなときにボイスレコーダーを持っているとたいへん便利です。まず歩きながらメモができます。立ち止まらなくてすみます。さらに手間も時間もかかりません。文字で書くよりも短時間にたくさんの情報を記録することができます。

記録する際に留意することは、最初に子どもの名前、記録した年月日、時刻をしゃべっておくことです。放課後、ボイスレコーダーを再生して聞きながら個人の記録に転記するときに、この部分がとても役に立ちます。ただし、記録する子どもの情報はよいことに限定します。そして、管理をしっかりして、なるべく早く転記して削除することも大切です。

近年は携帯電話にこの機能がついていますから、それを利用するのもいいと思います。

ポイント

◎歩きながらでも記録する
◎名前、年月日を記録する
◎データの管理は厳重に

●私の場合

ボイスレコーダーは、さまざまなところでも便利に使えます。

例えば車の運転中です。

運転中に何かひらめいても、メモ用紙に書くわけにはいきません。わざわざ路肩に止めて書くのは大変です。こんなとき、私はボイスレコーダーに吹き込んでおきます。

授業記録を残すのにもたいへん役立っています。

ボイスレコーダーを胸のポケットに入れたり、マイクのように手に持ったりして授業を進めます。子どもを指名したときにも、インタビューのように、子どもたちの口元にボイスレコーダーを持っていって録音します。

授業記録の音声ファイルはコンピュータに保存して、活用しています。

机の中にはしまうな

整理をすると、しまった場所が分からなくなることがある。
やらなければならない書類や必要な資料は目の前に出しておく。

通常、書類は乱雑にならないように内容や種類ごとに分けてファイルに綴じたり、「机上の整理整頓」の合い言葉に応じて引き出しにしまったりします。

これで机の上はすっきりしましたが、いざ目的の文書や資料を探すとなると一手間かかります。一手間かけるだけで済むならばまだいいのですが、しまった場所が分からなくなることがあります。さらに問題なのは、報告すべき文書、やるべき仕事の書類の存在そのものを忘れてしまうことです。

これではせっかく整理整頓をしても、かえって効率が悪くなってしまいます。

必要な資料、報告すべき文書などは、ファイルや引き出しにしまわずに、いつでも目に触れるところに置いておきます。これなら、毎日その資料が目に入りますから、探す必要もないし忘れることもありません。

机の上が乱雑になるのが気になるならば、100円ショップでA４サイズの用紙の入るかごを買い、その中に入れればきれいに収まります。

※いうまでもありませんが、重要なマル秘書類などはくれぐれも机の上などに出しておかないよう、保管には十分気を使いましょう。

ポイント

◎必要な資料はファイリングしない
◎いつでも見えるところに置く
◎100円ショップで買ったかごに入れる

●私の場合

私はよく資料をしまい込んでなくしてしまったり、報告文書が見あたらずにいつまでも探していて時間を無駄にしてしまったりしました。

それで、いつの頃からか、大切な文書や書類は、いつも机の上に出しておき、ペーパーウエイトを載せておくことにしています。

これだと出勤するたびに嫌でも目に入りますから、忘れることはありません。

毎日毎日、仕事に追い立てられているような気分で、うんざりすることもありますが、それがかえって能率を上げることにつながっています。

何より、文書が見あたらなくて冷や汗をかくようなことがなくなりました。

ＴｏＤｏリストは必ず作る

ＴｏＤｏリストを作ると先が見える。仕事の優先順位も分かる。その結果、時間を効率的に使うことができる。

ＴｏＤｏ（やること）リストを作ると、今どんなことをやらなければならないのかが分かります。リストに書き出そうとすると、普段は意識していなかった仕事に気づくこともあります。

リストを書き出す用紙は何でもかまいませんが、罫線が引いてあると便利です。備忘録の多くは、左側に１週間の予定を書き込み、右側はメモのスペースになっています。このメモのスペースにＴｏＤｏリストを作ると簡単です。

リストは１行に１項目を書きます。先頭に丸囲みの数字を書きます。期限がある場合は期限も書いておきます。

（例）　①　10／12 宿泊学習実施計画
　　　●　理科のテスト分析

終わったら、丸囲みの数字を塗りつぶし、打ち消し線を書いておきます。これで一目で分かります。翌週になったら、終わっていない仕事を翌週のスペースに転記し、さらにするべき仕事を追記していきます。

ポイント

◎1行に1項目を書く
◎仕事を終えたら塗って消す
◎小さい仕事でも書いておく

●私の場合

エクセルで表を作り、最初に分かっている仕事を入力してから印刷し、備忘録にはさんで使っていたことがあります。

これだと転記せずに追記だけで済み、栞のかわりにもなりました。

リストが増えていくのは心理的に嫌なものでしたが、反対に、リストが一つひとつ消されていくことが楽しく感じられるようにもなりました。

そのうちに、とても簡単な仕事（電話をかけるなど）も思いつくだけ書いておき、リストを消していく機会を多くしました。

そうすることで、達成感や満足感が味わえるようにしたのです。

たくさんあったリストが全部消される瞬間は、得も言われぬ満足感を味わうことができます。

すごい習慣
19

たまった仕事はまず分ける

たまった仕事は「すぐやる」「なるべく早くやる」「後でやる」の三つに分ける。分けると先が見え、やる気が出てくる。

仕事がたくさんたまってうんざりしている時には、とにかくまず一つの仕事に取りかかることが、早く仕事を片付けるコツです。この時、できればすぐにやるべき仕事からとりかかれれば、効率的に仕事をこなすことができます。

そこで、たまった仕事を三つに分けてみます。「すぐにやらなければならない仕事」「早めにやった方がいい仕事」「後でやればいい仕事」の三つです。

分けると言っても、関係の書類を机の上で3か所に分けて置いていくだけです。トランプを配るような要領です。

どんな仕事をしなければならないのか確かめながら分けていきますから、分け終わったときにはすぐにやらなければならない仕事がどれなのかがだいたい頭に入っていきます。すると、先が見えてきます。先が見えるとやる気が出てきます。

「すぐにやらなければならない仕事」のうち、1番上の一つを取り上げて処理を始めます。始まると意外に片づいていくものです。

ポイント

◎たまった仕事は三つに分ける
◎内容を確かめながら分ける
◎1番上の書類から処理する

●私の場合

仕事の書類をやらなければならない順番に分ける前に、必要な書類とそうでない書類を分ける作業もあります。

この時にも、三つに分けてから作業すのは有効です。

私は「絶対に必要な書類、仕事関係の書類」「今は必要ないが、後で必要になるかもしれない書類」「捨ててもいい書類」の三つにまず分けます。

このうち「捨ててもいい書類」はじゃんじゃん捨てています。捨てすぎて困ったことは、ほとんどありません。

「絶対に必要な書類、仕事関係の書類」はさらに、やる順番で三つに分類しておきます。

こうして分類をすると、頭の中も心の中も整理整頓されたような気分になって、すっきりしてきます。

文具類の使用頻度は3段階

文房具は、「よく使う・時々使う・たまに使う」の3段階に分けて収納しておくと、必要なものがすぐに取り出せて便利。

教員の仕事は、文房具とは切っても切れない仕事です。勢い、たくさんの文房具をそろえてしまいます。それらを1か所にまとめておくと、何でもそろっていて便利な反面、必要な文房具をさがす手間がかかることがあります。

文房具にはたくさんの種類がありますが、全ての文房具を同じような頻度で使うというわけではありません。毎日使うものもあれば、月に1回程度しか使わないものもあります。

そこで、文房具を使用頻度に従って「毎日のようによく使う」「時々使う」「たまに使う」の3段階に分けて保管します。

そして、「よく使う」文房具は机上の見えるところに置きます。「たまに使う」文房具は机の袖の1番上の引き出しのペンケースとその周辺に、「たまに使う」文房具は同じ引き出しの中央から奥に入れておきます。この引き出しには文房具だけを入れることにして、その他の物は入れません。

こうすることで、目的の文房具を素早くみつけることができるとともに、整理もできて補充もしやすくなります。

ポイント

◎文房具はよく使うもののみ机上に
◎ほかは1番上の引き出しの中に
◎状況に応じて入れ替える

●私の場合

よく使う文房具はペン立てに入れて、机の上に置いています。ここには、黒ボールペン数本、赤ボールペン、シャープペンシル、鉛筆数本、消しゴムなどが入っています。

机の引き出しのペンケースには、3色ボールペン、油性フェルトペン、予備の黒ボールペン、予備の赤ボールペン、はさみ、カッター、定規、ホチキスの針。ペンケースの近くに、スティック状ののり、液状のり、ホチキスなどが置いてあります。

そして、引き出しの中央付近には、ナンバリング、針なしホチキス、コンデカッター、小型穴開けパンチなどが入れてあります。

これらは、トレード自由です。

ファイル検索に慣れる

「検索」ができることが、デジタルデータの大きな利点の一つ。
「検索」に慣れれば、データの価値がさらに高まる。

職員室でよくこんな声を聞きます。

「この前作ったプリントを、どこに保存したか分からなくなっちゃったんだけど、どうしよう」

こんな時に、ファイルの検索の仕方を知っていると、とても便利です。探す手間や時間が省かれ、能率も上がります。

お使いのOSがウィンドウズならば、フォルダのツールバーに「検索」ボタンがあります。さらに、フォルダを開く前にフォルダのアイコンの上で右クリックをすると「検索」の項目が現れます。

ボタンを押せば検索用のウィンドウが表示されます。

ファイル名を一部でも覚えていれば「ファイルとフォルダすべて」で検索します。探したいファイルの文書中に書かれている文字でも検索することができます（その分、詳しい検索になるので時間がかかります）。ワープロ文書などは、保存した時期（先週とか先月とか）でも検索することができます。また、画像だけを検索することもできます。

いろいろ試してみて慣れておくと、驚くほど便利です。

ポイント

◎ファイル名で検索する
◎ファイルの中の文字列で検索する
◎画像だけを検索する

●私の場合

検索した文字列を含むファイルが一覧表示されたら、これだと思うファイル名をダブルクリックすることで、そのファイルを見ることができます。

そのファイルがどこに保存してあるのかを知りたいときには、ファイル名のところで右クリックして「プロパティ」を見たり、フォルダの表示を「詳細」にしたりします。

Googleのサービスにも、パソコン内のファイルの検索をしたり、画像の検索をしたりするものがあります。

また、フリーソフトにもファイル検索ができるものは、たくさんあります。

ただし、これらのサービスに保証はありませんので、利用する際はそのつもりで気をつけてください。

携帯ハードディスクの活用

ハードディスクは携帯型でも大容量。サイズの大きな画像ファイルもラクに持ち運べるし、ある程度の大きさがあるから紛失しにくい。

最近はデータの持ち運びにUSBメモリを使うという人も多いでしょう。

USBメモリは非常にコンパクトで、1ギガバイトを超える容量のものもありますから、大きなファイルも余裕で持ち運べます。

しかし、USBメモリはそのコンパクトさゆえに、紛失しやすいというデメリットもあります。メモリを紛失してしまうと誰かに見られてしまうという可能性もあり、とても危険です。

その危険性がほとんどないのが携帯型のハードディスクです。

たばこの箱よりも一回り大きいので、うっかり紛失することは、まずありません。

容量はUSBメモリをはるかに超えていて、100ギガバイト以上のものもありますから、大きな画像ファイルも心配なく保存できます。

もちろん、個人情報の入ったファイルは極力持ち歩かないようにし、必要ならパスワードをかけて保存するのは基本中の基本です。

ポイント

◎情報はパスワードで管理する
◎ハードディスクは目立つ色を選ぶ
◎放置厳禁！

●私の場合

容量80ギガバイトの携帯型ハードディスクを数年前から愛用しています。

色は目立つように、赤色です。ばっちり目につきますからなくしにくいのです。ハードディスクは衝撃に弱いので、ソフトケースに入れて、衝撃吸収シートにはさんで持ち運んでいます。

自宅パソコンのハードディスクのバックアップ用としても使っていますが、使用した容量はいまだに半分以下です。

これをなくしてしまったら、それこそたいへんです。

自家用車で通勤していますので、途中で車から降りる必要があるときには、どんなに短時間でも必ず、ハードディスク（の入った鞄）を持って降ります。

これはもう習慣になっています。

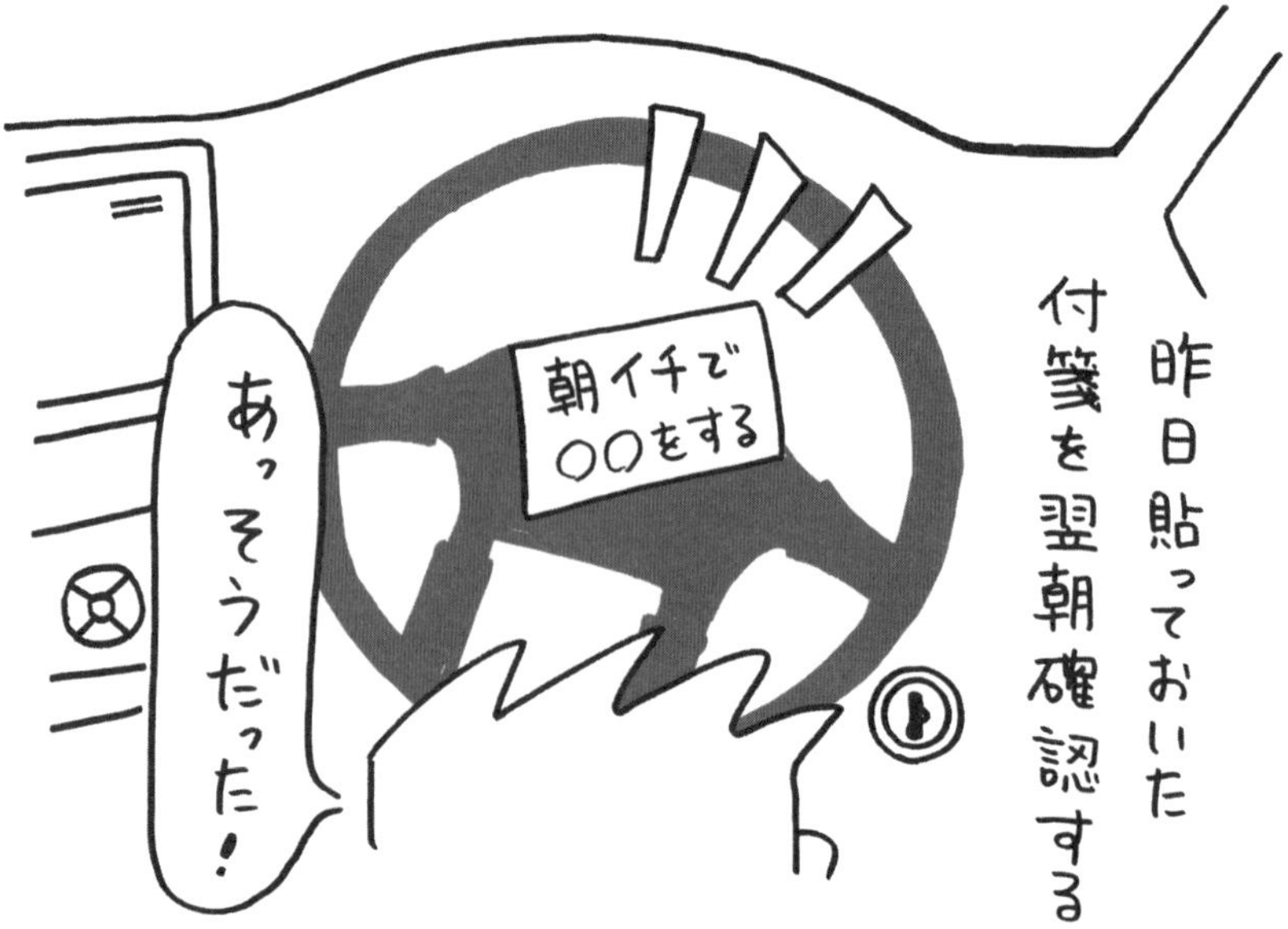
昨日貼っておいた
付箋を翌朝確認する
朝イチで
○○をする
あっそうだった！

3

作業効率アップの秘訣

作業効率を高めるための工夫——それはたいてい作業中にひらめきます。言うなれば発明と同じ、必要を母としているということです。

仕事は単純作業から始める

仕事に取りかかるのが億劫なときは、まず単純作業から始めてみる。取りかかりまでの時間が節約でき、そのうち調子も出てくる。

疲れているとき、嫌なことがあったときなど、なかなか仕事に取りかかれないものです。やらなければならないと思ってはいても、頭が働かずよい案も出ず、まさに「下手の考え休むに似たり」状態です。

こんなときは、頭をあまり使わなくて済む単純作業から始めてみましょう。

例えば、出席簿に児童の氏名印を押したり、計算プリントや漢字練習プリントを印刷したり、たまっていたファイルを整理したり……。

こうすることで、仕事を始めたくなくても始める気になれずにだらだらしている時間を極力少なくすることができます。単純作業でもいつかはやらなければなりませんから、時間を効率的に使うことになります。

また、どんな仕事でも、一つの仕事が終わるというのは気分のいいものです。一つの仕事を終えたという満足感と達成感が気分を高揚させ、脳の働きを活発にします。

すると、頭を使う面倒な仕事でもやる気になってきます。

ポイント

◎やる気のない時は単純作業を
◎単純作業の次は得意な分野を
◎集中力を高めてから面倒な仕事を

●私の場合

頭を使う作業をする気にならないときは、ToDoリストを見て、1番頭を使わずにできる仕事を探すことにしています。単純作業ではなくても簡単にできるものがあれば、まずそれをやります。

また、自分の得意な分野の仕事は、面倒な仕事でもとりかかりやすいので、そういう仕事を先にやります。私の場合、ワープロで文書を作ったりエクセルのシートを作ったりすることが好きなので、そういう仕事を優先してやるようにしています。

一つの仕事に集中できるようになると、その集中力が他の仕事にも波及して、自分でも調子が少しずつ上がってくるのが分かります。

そうすれば次々と、たいへんな仕事も片づいてゆきます。

二つの仕事を同時にこなす

ある仕事をしていてアイデアが出なくて困ったら、
中断して別の仕事をしてみる。この切り替えが意外な発想をもたらす。

どうしてもアイデアが思いつかなくて仕事がはかどらないということがあると思います。また、集中力が続かなくて区切りのいいところまでなかなか進まないということもあると思います。こうなると仕事の効率も悪く、いたずらに時間が過ぎていってしまいます。

こういうときには、思い切ってその仕事をやめて、別の仕事にとりかかってみます。例えば、学校参観日のアイデアが出なくて困ったら、それをいったんやめて、学級なわとび大会に使う賞状を作ってみるという具合です。

別の仕事をすることにはいろいろな利点があります。

まず、新鮮な気持ちで仕事に向かうことができます。これが仕事への集中力を生みます。それから、別の角度から物事を見ることになり、最初の仕事のアイデアが浮かんでくることがあります。さらに、いたずらに過ぎていく時間を有効に活用することができます。

切り替えた仕事がある程度区切りがついたところで、最初の仕事にもどります。するとまた新鮮な気持ちで取り組むことができます。

ポイント

◎行き詰まったら別の仕事をする
◎ある程度やったらもとの仕事にもどる
◎どうしてもできない時には休む

●私の場合

アイデアが出なくなったり、集中力が続かなくなったりしたときには、よくメールチェックをしています。メールを読んだり、返事を書いたりしてから、また仕事にもどります。

複数の文書を同時に開いておき、「Alt」キー＋「Tab」キーで切り替えながら、交互に少しずつ進めることもあります。

読みたい本や読むべき本を10分間くらい読むこともあります。本の内容によってはアイデアが沸いてきたり、発想の転換ができたりします。

それでも、どうしても無理な場合は、仕事をやめて休みます。この場合は休むことも仕事のうちと考えることにしています。

考えてないで手練れに聞く

近くにその分野の先人がいたり、その道の専門家がいたら、迷わず教えてもらう。時間も節約できて仕事も覚えられる。

処理の仕方がよく分からずにあれこれと考えたり、不得意なことを試行錯誤しながらやったりすることがあります。

それは仕事を覚えるためにはどうしても通らなければならない道です。

しかし、その仕事が自分にとって意味のある仕事ならばいいのですが、自分のこれからのキャリアを考えたときに、全くの畑違いの仕事だということもあるでしょう。

そんなときに、あれこれと試行錯誤しながら仕事をするのは、はっきりいって時間の無駄です。

そういう仕事をしなければならなくなったときには、自分であれこれと考えず、その道の専門家に教えてもらったり、またはお願いしてやってもらったりすることです。そして、浮いた時間に自分の得意分野でその方のお役に立てることをするのです。

教師はともするとすると自分で何でもやってしまいがちですが、それでは組織はうまく機能しません。これはほかの人に仕事をお願いする練習にもなって一挙両得です。

ポイント

◎自分にとっての仕事の価値を考える
◎仕事のやり方は手練れに聞く
◎思い切ってお願いする

●私の場合

若い頃には、雑事をたくさん言いつけられました。それは世の中の常ですから当然です。

教師になって1年目のときには、懇親会が始まる前に、タバコを買いに行かされたこともありました。今、私にタバコを買って来いという人は1人もいないでしょう。

そう考えると、若いときだからこそできた雑事だともいえます。

若いうちは、どんな仕事でも1度は自分の力で挑戦してみた方がいいのです。時間がありますから。

それらたくさんの仕事を体験していくうちに、自分の得意な分野も分かり、同時に仕事の効率も考えることができるようになるのだと思います。

お気に入り文房具は随所に

使い慣れている文房具は、職員室、教室、自宅など、仕事をする場所にそれぞれ準備しておくと便利である。

誰にも、慣れていて使いやすい文房具というものがあると思います。

例えばデスクペン。ペン先の堅さや文字の太さが変わると微妙に書きにくいものです。それから物差し。長さを測ったり線を引いたりする際に、目盛りの位置や補助線の有無などで、仕事の効率が悪くなったりします。

使い慣れた文房具がいつも手元にあれば、仕事の効率もあがります。そこで、同じ文房具を複数購入して、仕事をする可能性のあるいろんな場所に置いておきます。例えば、職員室、教室、家の書斎、車の中、持ち歩く鞄の中などです。

こうすることで、いつでも使い慣れた文房具を使って仕事をすることができます。

使い慣れた文房具を使うと、実際に仕事がやりやすいのはもちろんですが、仕事モードにスイッチが切り替わるという心理面での効果もあります。その文房具で仕事がはかどった事実があれば、この効果はさらに高まります。

ポイント

◎手になじむ文房具を見つける
◎使い慣れた文房具は複数購入する
◎仕事をする場所には常備する

●私の場合

20年くらい前から「ユニホルダー」というホルダー式ペンシルを使っています。鉛筆から芯だけを取り出したような形状の芯をホルダーに入れ、シャープペンシルのように繰り出して使う筆記用具です。

赤色と黒色の芯を購入し、2本のホルダーと共に、ペンケースに入れているのはもちろん、職員室にも教室にも家にも置いてあります。赤は採点用、黒は筆記用です。

いつでもどこでもこの筆記用具があるので仕事がたいへんはかどります。

この文房具は主に製図用に使われるらしく、文房具店の人には、図面を引く仕事をしていると思われていた時期もありました。

昇降口にも自分の靴を

児童用の昇降口の空いている下駄箱に、自分の運動靴を1足入れておくと、ちょっと外に出たいときに大変便利である。

休み時間に限らず、勤務中に校舎から出る機会は意外に多いものです。理科の時間に植物を観察したり、算数の時間に50メートルを実地に測ってみたり……。

その都度、職員玄関まで行って靴を履き替えるのは、面倒でもあり時間の無駄でもあります。

そこで、児童用の昇降口の空いている下駄箱に、自分の運動靴を1足入れておきます。これがあれば、職員玄関までもどる必要もありませんし、子どもたちと同じ経路で校舎外に出ることができて便利です。

もしも下駄箱にゆとりがあれば、運動靴のほかに、サンダル（ちょこっと外に出たいときに）や長靴（雨の日や農作業用に）も準備しておきたいところです。

また、反対に外からちょっとだけ校舎内に入りたいときのために、スリッパを用意しておくのも便利です。

スリッパは子どもに届け物をしに来た保護者や、上履きを忘れた子どものためにも役に立ちます。

ポイント

◎児童昇降口に自分の運動靴を常備する
◎できればサンダルと長靴とスリッパも
◎下駄箱チェックは意外な効果あり

●私の場合

授業とはあまり関係のない話ですが、子どもたちの靴は下駄箱にきちんとそろって入っているでしょうか。

靴をそろえるのなんて、教育とは関係ないと思うかもしれませんが、そうでもないようです。

私は子どもたちの靴が乱れてくると、毎週1回ですが、全校児童の靴をそろえて回ります。

すると、生活態度が乱れていたり、落ち着きがなかったりする子の靴は、だいたいきちんと入っていないことに気がつきます。

ちょっとしたことですが、生活指導のヒントにつながることもあります。

たまには子どもたちの下駄箱を見て回って、靴がそろっているかをチェックしてみてはいかがでしょうか。

文具セットは持ち歩く

よく使う文房具はセットにして持ち歩くようにする。

いつでもどこでも使い慣れた文房具で仕事ができるとたいへん便利。


お気に入りの文房具は数か所に置いておくと便利です（↓26参照）。

でも、全ての場所に置いておくことはできません。置いてないところで使いたいと思ったら、取りに行かなければなりません。

これが不便だと思ったら、お気に入りの文房具を持ち歩いてしまいましょう。

持ち歩くのですから、持ち歩くのに便利な入れ物が必要です。大きな文房具も入れるので、ペンケース程度では小さくて間に合いません。

スーパーにある買い物かごが堅くて丈夫で便利です。これでは少し大きすぎるという方には、100円ショップなどで売られている小振りのものがお勧めです。

このかごにペン立てそのものを入れてしまいます。その他、使う可能性のある文房具も入れます。ノートやプリントや名簿やメモ用紙なども入れます。

あまり入れすぎると重くなりますのでほどほどにしますが、いつでもどこでもこのかごがあれば仕事ができるので便利です。

ポイント

◎買い物かご（小型でも可）を用意する
◎ペン立てはそのまま入れる
◎校舎内ではいつでも持ち歩く

●私の場合

100円ショップでA4サイズの買い物かご（のようなもの）を買って、そこに文房具を入れて持ち歩いています。

A4サイズなので、あちこちに持ち歩いてもそれほどじゃまにはなりません。

ここには、ボールペン（赤と黒）、シャープペンシル、鉛筆、採点ペン、スペアーインク、筆ペン（朱と黒）、赤鉛筆、消しゴム、はさみ、のり、カッター、コンデカッター、ホチキス、紙綴じ機、番号くじ、手作り百人一首、輪ゴム、セロテープ、両面テープ、電卓、電子辞書、サインペン、ノート、国語便利帳、などが入っています。

思ったときにすぐに使用でき、たいへんに重宝しています。

事務はなるべく教室で

放課後の職員室は意外にうるさい場所。可能な事務仕事は教室で行うようにすると、1人静かな場所で集中してできる。

放課後の職員室にはたくさんの教員がいます。それぞれの教員がそれぞれの仕事をしています。明日の授業の打ち合わせをしている学年もあります。今度の行事の計画を立てている学年もあります。クラスの子どもの指導について悩みを話している教員もいます。昨年の社会見学のときのエピソードを思い出して、談笑している学年もあります。

コンピュータのキーを叩く音、引き出しを開け閉めする音、教材として使う音楽、印刷機の稼働する音、電話の音などなど、たくさんの音があふれています。

こんな中では、1人でアイデアをまとめたり文章を練ったりする仕事の効率は悪くなるばかりです。迷わず教室に行きましょう。

自分の教室がなければ、図書室でも理科室でもかまいません。誰もいない静かなところで集中して仕事に取り組むことができます。

学年の先生には教室で仕事をすることを知らせておきます。退勤10分前には職員室にもどり、授業の進度や明日の予定の確認をします。

ポイント

◎1人でできる仕事は教室で行う
◎学年の先生には所在を知らせておく
◎退勤10分前には打ち合わせをする

●私の場合

職員室では集中して仕事ができないので、毎日、放課後は教室に残って仕事をしていました。

教室にもコンピュータが設置してありましたので、ほとんどの仕事を教室で行うことができました。

1人静かな教室で集中していると時間を忘れてしまうことがよくあり、気がつくとあたりは真っ暗になっているということも珍しくありませんでした。

それでも、教室にはいつまでも子どもたちのぬくもりがあり、机に目をやれば、その日のその子の声や姿が浮かんできて、教師をしている幸せを実感できる時でもありました。

クラス全員の記録を毎日つけ始めたのも、そんな思いがきっかけでした。

作業中の文書類は「はさむ」

作業中の文書や関連する資料などは、「洗濯ばさみ」ではさんでおくと、目立つので中断してもすぐに再開できる。

同時期に複数の文書やプリントを作成しなければならないときがあります。一方を中断して、他方を作成しなければなりません。途中まで作成した文書や、作成に必要な資料などをいったん片付けることになります。

再開しようと思ったとき、不思議とこれらの文書が見あたらなくなることがあります。探すのに時間と手間がかかります。

そこで、中断する書類やプリントや必要な資料などはまとめて洗濯ばさみではさんでおきます。

これは机の上で非常に目立ちます。

第1に、机の上に洗濯ばさみがあることが目立ちます。第2に、洗濯ばさみの色はとてもカラフルで、嫌でも目に入ります。第3に、洗濯ばさみは事務用品ではないので、机の上で使うにはごつごつして邪魔な感じがして気になります。

だから、仕事を再開するときには中断した個所がすぐに分かりますし、早く片付けようという気にもなるのです。

ポイント

◎中断するときは洗濯ばさみではさむ

◎洗濯ばさみはカラフルなものを選ぶ

◎普通のデザインの洗濯ばさみが有効

●私の場合

洗濯ばさみにも、最近はいろんなデザインがあります。

指で力を加える部分が小鳥の形をしていたり、アヒルの形だったり、犬の形だったりします。人気キャラクターになっているものもあります。

こうなると、とても洗濯ばさみとは思えません。ペーパークリップとして机上に置いても違和感がありません。

しかし、違和感がないというのは周辺の状況に溶け込んでいるということで、逆の見方をすれば目立たないということになります。

意外にも、よく見かける何の飾りもない普通の洗濯ばさみが、机の上では大きな存在感を示します。

デザインはシンプルで、色のバリエーションのあるものがお勧めです。

提出物はかごで集める

子どもが提出するプリント類はかごに入れて集めるようにする。散乱せず、机上も整理され、保管や持ち運びにも便利。

その日の宿題は、朝のうちに教卓などに提出するよう決めているクラスも多いと思います。日によっては提出するものが何種類もあることがあります。提出物がいつもきちんとそろっていればいいのですが、なかなかそうはいきません。低学年では特に散乱しがちです。

そこで、提出物はかごで集めるようにします。かごを提出物の数に応じて、教卓や教師用の机の上に複数個用意しておき、そこに入れさせるようにするのです。

こうすることで、プリントが風に飛ばされたり誰かが触れたりして散乱することが防げます。見苦しく乱雑に置かれている光景を見ることもなくなります。教卓や机上がすっきりとします。そのまま持ち運んだり、保管したりすることもできます。

かごの大きさはＡ４サイズが最適です。Ｂ５サイズやＡ４サイズの提出物はそのまま入れ、Ｂ４サイズの提出物はプリントの両端がかごの両脇にかかるように入れさせます。

深いかごにはノートを立てて入れることもできますので、数種類の深さのかごを準備しておくと便利です。

ポイント

◎提出物はかごに入れさせる
◎かごは数種類用意する
◎入れ方を指導しておく

●私の場合

浅いかご、やや深いかご、取っ手のついた買い物かごのようなもの、この3種類のかごを、いくつかずつ教室に置いています。

かごは100円ショップで買いました。

毎日提出することになっている日記帳や家庭学習帳は、いつも決まって机上に置かれたかごに入れさせています。

そのほかに提出するプリントがある場合は、教卓の上のかごに入れるように子どもたちに教えてあります。

この方法はすっかり定着しています。たとえ、かごを出しておくのを忘れても、早く来た子どもたちが気を利かせてかごを準備してくれるのでとても助かっています。

終わった子から採点する

テストは終わった子から持ってこさせ、その場で採点して返す。採点の時間が短縮でき、その場での採点が学力も高める。

テストの採点の工夫はいろいろあります。そのうちの一つです。

テストはだいたい一斉に始めますが、終了の時刻には個人差があります。この個人差を上手に活用し、早く終わった子から採点をしてしまいます。

まず、早く終わった子には見直しをするように声を掛けます。見直しが終わったら、1人ずつ教師のところにテストを持って来るように言います。そして、テストを持って来た子の目の前で採点をします。採点が終わったら、その場でテストを返します。

このとき、教師の前にいる子は1人だけと決めておきます。採点が終わって席にもどったら次の子がテストを持ってくるようにします。これで、ほかの子にテストを見られずに採点ができます。

席にテストを持ち帰った子は、残りの時間、間違いを直したり読書をしたりします。テストは最後に番号順に集めます。テストが入っていた袋に順に入れていくようにすると、点数も見られません。

全員のテストを採点できるわけではありませんが、半分以上は採点できます。また、目の前で採点され、すぐに返却されるので、子どもは自分の誤りがすぐに分かり、学力が向上します。

ポイント

◎テストが終わった子から採点する
◎採点したらその場で返す
◎最後に番号順に集める

●私の場合

子どもたちは自分のテストの結果をすぐに知りたくて仕方がないようです。

「丸をつけてあげるから、見直しが終わった人は1人ずつ持って来なさい」と言うと、待ちかねたように一斉に7、8人が席を立ちます。

だいたいは前の方の座席の子が1番に並びます。すると、ほかの子はいったん着席します。採点が終わるのを見計らって、また6、7人が一斉に席を立ちます。

こんなことを何度か続けているうちに、子どもたちは子どもたちなりに「慌てて行く必要がない」ということを学ぶようで、だんだんと上手に順番を調整するようになります。

テスト後の休憩時間に即採点

テストが終わったら、その後の休憩時間に採点を始める。その場で即座に始める。後でやろうと思うと意外にできない。

テストは実施後、なるべく早く子どもに返すのがよいといわれます。子ども自身が間違いに気づき、理解を深めたり正したりできるからです。

テストの採点は、放課後に行うことが多いと思います。でも、教員の仕事は放課後にもたくさんありますから、採点の時間がとれないこともよくあります。そうなると、採点できないままあっという間に数日が過ぎてしまいます。早く返した方がいいと思いながらも、なかなか返すことができない、ということになります。

テストを早く返すためには、放課後を待たずに、テストを行った後の休み時間にすぐに採点を行うことです。こうすることで、他の仕事を入れずに採点を行うことができます。

休み時間は短いのですが、テストが早く終わった子の採点は、授業中すでに済んでいますから、クラス全員分の採点をすることも可能です。それに時間が限られていると思うと、より集中して行うことができます。

その結果、思ったよりも短時間で採点ができます。

ポイント

◎テスト後すぐの休み時間に採点をする
◎子どもたちを遠ざけて採点をする
◎近くに来る子には理由を説明する

●私の場合

休み時間になると、子どもたちが周りに集まってきます。子どもたちの目の前で採点をすることはできません。そこで、

「今から先生の周り3メートル以内に来てはだめだよ」

と宣言してから採点を始めることにしています。

それでも、子どもは何か話したくなると、注意を忘れて寄ってきます。そういうときにはテストを伏せて、

「君も、自分のテストの丸つけをしているところを、ほかの人に見られたら嫌だろう？　だから、君も見ないようにするんだよ」

と教え諭します。

何度か繰り返すうちに子どもたちも了解して、私が採点しているときには近づかなくなります。

素早い採点のコツ

採点は、一部分の答えを覚えてその部分だけを採点するとともに、テストを1枚ごとにめくらずに行うことで素早くできる。

テストの採点をわずかですが早くするための方法です。

まずテスト1枚を全て1度に採点せず、覚えられる程度の模範解答を覚えて、その部分だけを採点します。いちいち模範解答を見ないですみますから、大変高速に採点ができます。

ただしその都度テストをめくっていると、めくる回数が多くなる分だけ時間のロスになります。そこで、テストをめくらずに素早く採点できる方法を紹介します。

素早い採点の仕方

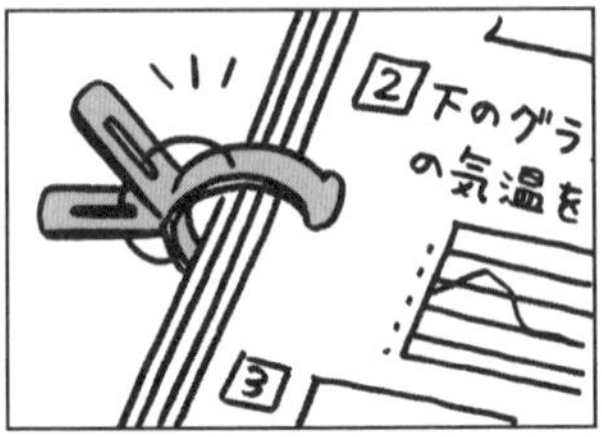

①テストの束を少しずつずらし、左側を洗濯ばさみで留める。(少し=0.5ミリくらい)

②洗濯ばさみではさんだ反対側をもち、一番下から右側だけ採点。

③1枚の採点が終わったら、指を加減して次の1枚を下に落とす。

④右側が終わったら、上下をひっくり返し、①〜③と同様に。

ポイント

◎解答は部分ごとに覚えて採点する
◎洗濯ばさみでずれないようにはさむ
◎テストはめくらず落としていく

●私の場合

洗濯ばさみを使った採点方法を実践しています。

テストの右側半分の採点はやりやすいのですが、左側はちょっと苦しいのです。でも、苦労の末に画期的な方法を考え出しました。

それは、テストを上下逆さまにして左半分を右側にして採点するという方法です。これならば、指をずらして1枚ずつ落としていくことができます。

ただし、問題も答えも逆さまになっています。そこに丸をつけていくので、丸も逆さにつけなければなりません。

そこで、左側に丸をつけるときには通常のように丸をつけ、右側に丸をつけるときには、数字の「0」を描くように丸をつけます。これで完璧？　です。

テストの集計は表計算で

テストの集計は表計算ソフトを使って行う。計算も速いし計算間違いもない。グラフ化して学級の傾向を見ることもできる。

テストの点数の集計を出すのに表計算ソフトを使って行っている方も多いと思います。もしもまだ電卓やそろばんや暗算で合計や平均を出している方がいるようでしたら、ぜひ、表計算ソフトを使ってみることをお勧めします。

何といっても、点数を入力したとたんに計算結果を表示してくれます。計算の間違いは通常の四則計算ならば絶対にありません。グラフ化して学級の傾向を見ることもできます。このグラフは、上手に使えば学級懇談会の資料とすることもできます。

使い方に慣れてきたら、テストの点数を帳簿に書き写す手間を省いて、直接表計算ソフトに入力してしまうことをお勧めします。エクセルならば、入力した数字を読み上げる機能があります。これは、あるセルに95と入力するとコンピュータ特有の音声で「キュウジュウゴ」と読んでくれる機能です。これで入力ミスが防げます。

ただし、機密保持には十分な配慮が必要です。データの持ち運びはしてはいけません。また、ファイルにはパスワードを設定しておくといいでしょう。

ポイント

◎点数は直接ソフトに入力する
◎点数読み上げ機能で誤入力を防ぐ
◎グラフ化して学級の傾向をつかむ

●私の場合

コンピュータなどなかった頃のことです。中学校に勤めていて、定期テストの集計は電卓で行っていました。

教え子の中にそろばんの名人がいました。ある日、その子を呼んで、

「ちょっとこの数の合計と平均を確かめてくれる？」

とお願いしてみました。

他の学年の、あるクラスのテストの点数が入った名簿です。もちろん、名前も学級も伏せてありました。

彼は40個ばかりの数字が並んだ表を3秒ほど眺めて、

「はい、合っています」

と自信たっぷりに言いました。

すごいものだと思いました。

デジタルデータをもらう

文書や資料を参考にもらうときには、紙と同時にデジタルデータももらうようにする。加工が自在で保管にも便利。

新しい校務分掌についたときには、最初は仕事の段取りも内容もよく分からないものです。当然、前任者にいろいろと教えてもらいますし、前任者が作成した文書を参考にしたり、場合によってはそのまま使い回しさせていただくこともあるでしょう。

このとき、文書をコピーさせてもらうと同時に、そのデジタルデータも一緒にもらうよう心がけると、その後の仕事が大変やりやすくなります。

デジタルデータは何といっても加工が簡単です。昨年度と変わった部分だけを変更して使うことができます。文書を最初から作り直したり、もう1度打ち直したりするよりもはるかに効率的です。

学校によっては、校内のサーバーに教職員ごとにフォルダを作成して、そこに各自の作成したデータを保存するようにしているところもあるでしょう。

必要に応じて、閲覧させてもらうこともできると思います。一声かけて、可能ならばデータを利用させていただきましょう。

使わせていただいたら、御礼や使用感を忘れずに伝えることも大切です。

ポイント

◎文書コピーと同時にデータももらう
◎必要な部分だけを変更する
◎参考にしたら御礼や使用感を伝える

●私の場合

ワープロ全盛の職員室ですが、やっぱり手書きの文字がいいなと思うときがあります。

それは、賞状や祝儀袋などに書かれた名前の文字です。

現在はソフトもプリンタもよくなったので、いろんな用紙の思い通りの位置に、毛筆体で好きな文字を印字することができるようになりました。仕上がりも驚くほどきれいです。

でも、やっぱり手書きの味わいにはかないません。

私は、賞状に名前を入れるときや祝儀袋の文字などはいつも必ず筆ペンを使って書いています。

多少形は崩れていても、やはり手書きの文字にはあたたかみがあって、いい感じがします。

過去の文書は極力生かす

過去に自分が作成した文書や前任者が作成した文書、ファイルに綴じ込んである数年前の文書はなるべく生かす。

教員には完璧主義者が多い（？）からか、新しい校務分掌になったら、必要書類は自分で一から作るという人がいます。しかし、これは大きな時間のロスです。なぜなら、どの校務分掌も、必要な書類はだいたい毎年決まっているからです。

毎年ほぼ同じ文書を作るのであれば、文書類は過去のものを生かした方が、時間も手間もかからず効率的にできます。

そのためには、「自分がこの文書を作ったんだ」という達成感を味わうのは我慢します。また、「自分だったらこうは作らないのだが」という好みの優先順位も低くします。

これは手を抜いた仕事をするというのとは違います。大きな問題がなければ、生かせるものはそのまま生かし、できた空き時間をより重要な仕事に向けるための方策です。

昨年と一昨年の文書を綴じたファイルは、自分の机上か引き出しに保管し、いつでも見られるようにしておきます。これで効率が飛躍的にアップします。

念のため、ファイルを保管していることは同僚にも伝えておきましょう。

ポイント

◎過去の文書を生かす
◎歴年のファイルを身近に置く
◎ファイル保管のことを伝えておく

●私の場合

実は私も、自分の校務分掌の文書は自分で作らないと気が済まないタイプの1人でした。

行数や文字数、余白の大きさや表の形式など、自分のイメージ通りに作らないと納得できませんでした。

一から作ったってそれほど時間がかかるわけではない、と思いながら始めたのに、結局、凝った作りにしてかなりの時間をかけたりすることもありました。しかも、そうやって作った文書は、自己満足感こそ高いのですが、果たす役割は昨年度のものと同じでした。

こんなことを繰り返すうちに、ようやく「自分が作った」という達成感や「自分ならこうする」という好みから解放され、過去の文書を十分に生かすことができるようになりました。

手書きプリントは雛型も残す

手書きのプリントを作るときは、まず共通部分だけを作る。それをコピーして個別の部分を記入する。

手書きのプリントは味わいがあり、ワープロ全盛の今日ではよく目立ちます。柔らかな文字や線が自在に書けるので、教師のオリジナリティが出しやすく、そのため子どもが注目する学習効果の高いワークシートを作ることもできます。

しかし、手書きプリントはワープロで作るプリントと違って、一部分を変えて似たようなものを何種類も作ったり、データを保存しておいたりすることができず、若干の不便さを感じます。

この不便さを多少なりとも軽減し、手書きプリントの良さを生かすために、次のことを行います。

まず、手書きプリントのうちの共通の部分、題名や枠や吹き出しや共通の指示の部分だけを作ります。この時点で、このプリントにはこれ以上の手を加えず、保管しておきます。そして、このプリントをコピーしたものに、個別の部分を書き加えていきます。こうすることで、失敗してもやり直しがきき、同種類のプリントを量産することが可能となります。

また、手書きのプリントはスキャナで読み取って、デジタルデータとして保存しておくと、万一プリントを紛失しても安心です。

ポイント

◎まずは共通部分だけを作る
◎コピーして個別部分を加える
◎雛型はスキャナで読み取って保存

●私の場合

手書きプリントで袋文字（白抜きの太文字）を書く裏技があります。手書きプリントをよく作っていたときは、この技はたいへん重宝しました。

黄色のラインマーカーとボールペンを準備します。

まず、書きたい文字を、黄色のラインマーカーで書きます。このとき、字画の一筆ごとがくっつきすぎないように注意します（なぞるときに、わからなくなってしまいますから）。

書けたら、ラインマーカーの文字の輪郭を、ボールペンでなぞります。サインペンだとにじむのでボールペンを使います。

あとは印刷するだけです。黄色のラインマーカーは印刷のとき写らないので、ボールペンの線だけが残り、袋文字になります。

ＯＣＲソフトを活用する

ＯＣＲソフトを使えば、紙のデータをデジタルデータに変換することができる。上手に使って、入力の手間を省く。

ＯＣＲソフトとは、スキャナなどで読み取った文書の画像から文字を認識し、コンピュータで扱うことができるテキストデータに変換するソフトのことです。

文書のデジタルデータがあれば問題ありませんが（➡36参照）、そうでないものも数多くあります。学校外から送られてきた文書や研修会でもらった資料等には、当然デジタルデータはありません。それらを再活用するために、一部または全部を、もう一度入力し直す必要が出てくることもあるでしょう。

その時にＯＣＲソフトを活用すれば、入力し直すよりもはるかに短時間で簡単に、紙に書かれた文字をテキストデータに変換することができます。文書や資料の文字数が多ければ多いほど、その効果は絶大です。

ＯＣＲソフトは高機能で有料のものもありますが、フリーソフトで安定したものもあります。最近は、プリンタに同梱されていることも多くなりました。ぜひ、活用してみたいものです。

ポイント

◎ＯＣＲソフトを入手する
（無料ソフトでも十分）

◎文字数の多い資料にはＯＣＲソフト

◎資料はデータ化して編集する
＊ただし、著作権には十分配慮する

●私の場合

文字の入力は割と速い方で、これまでほとんど困ったことがありませんでしたから、ちょっとした文書をそのまま入力し直すことに、あまり抵抗はありませんでした。

でも、ある日、いただいた講演記録を編集し直して配布しなければならなくなりました。

さすがにこれを全部打ち直すのはきついなと思い、その時初めてＯＣＲソフトを使ってみました。

案ずるより産むが易し！

スキャナで読み込み、何となく感覚で操作しているうちに、めでたくテキストデータに変換。訂正もわずかで、本当に短時間でできました。

効果絶大です。

打ち合わせメモは大きく書く

職員打ち合わせでの子どもたちへの伝達事項は、A４サイズの反古紙にマジックで書く。そのまま教室に掲示できて便利。

出勤直後や退勤直前に職員打ち合わせの時間をとっている学校がほとんどだと思います。このときに、子どもたちへの伝達事項が多く出されます。例えば、「今日は図書室で会議をしていますので、静かに歩くように伝えてください」などです。

伝達事項は通常、メモして教室へ行き、子どもたちに話したり黒板に書いたりします。どうせ黒板に書くのですから、メモをそのまま貼り付けるようにすれば、時間も手間も省けてとても便利です。

そこで、打ち合わせのときの子どもたちへの伝達事項は、その場でA４サイズの反古紙の裏にマジックでメモします。これを教室に持っていき、そのまま黒板に磁石で貼り付けます。

貼り付ける場所をいつも決めておき、画用紙でかっこいい台紙を作っておくと、さらに効果的です。ここには必ず伝達事項を貼っておくことにしておけば、子どもたちの注目度もアップし、不意の連絡にも大いに力を発揮します。

ポイント

◎打ち合わせ内容はA４紙の裏に
◎そのまま教室の黒板に貼り付ける
◎台紙を作るとさらに効果的

●私の場合

黒板には実にたくさんのものを貼ったり書いたりします。右側には日付や曜日や日直の名前、行事やできごとや英語の曜日など。左側には連絡帳に書く内容や提出物を忘れている子の人数、連絡事項など。さらに、子どもに配布したパンフレットやプリント、学級名簿などが磁石で貼り付けられています。

多くの掲示物で、黒板のスペースが本来の3分の2程度になっていたこともあります。甚だしく学習のじゃまになっていたので、思い切って、授業に関係のない「月日」や「提出期限」等の文字を、きれいさっぱり何も書かないことにしてみました。

教室が広くなった感じがしました。子どもたちも驚いていました。連絡事項だけ貼ると、とっても目立っていました。

印刷物はまとめて印刷する

印刷物は先を見越して早めに作成し、1度にまとめて印刷する。
早朝ならば印刷機も空いていて、気兼ねなく印刷できる。

印刷物の原稿は、1週間程度を見越して早めに作成しておき、それらを一気に印刷をしてしまうととても効率的です。

まず、間際になって慌てて作成して不十分なプリントになってしまったり、結局間に合わなかったりするなどということがありません。

さらに、印刷をしようと思った時間にほかの人が印刷機を使っていて、なかなか印刷ができずに焦ったり、授業の開始に遅れてしまったりすることもありません。

また、原稿を1枚仕上げてはその都度印刷をするよりも、短時間で印刷することができます。

特に学級の印刷物が増える傾向にある、学期始めや学期末、学年末には、この方法がたいへん効果的です。

印刷機が最も空いている時間帯は早朝か夜です。どちらかの時間に都合がつけば、その時間にどんどん印刷をしましょう。

印刷機を気兼ねなく使えて、事前準備も着々と進みます。

ポイント

◎原稿は1週間分を見越して作る
◎時間のあるとき、まとめて印刷
◎気兼ねなく作業できる早朝や夜に

●私の場合

最近の印刷機は高機能で早くなりましたから、誰かが使っていても、2、3分待っていれば印刷できます。

以前はそうはいきませんでした。私が教員になった頃は輪転機と呼ばれる機械で印刷しました。

この機械では、まず原稿を原紙に切る(写す)という段階があり、これに数分を要しました。これでできた原稿を印刷機のドラムに手で巻き付け、それで印刷をしました。

原紙がうまくドラムに巻き付かなかったり、インクの出が均一にならなかったりして、いい印刷物を得るのはとても大変でした。

今はこの工程を機械が自動でやり、良質の印刷物を提供してくれます。かなり便利になりました。

学級別プリント入れを設置

印刷室に、学級ごとの印刷物を入れる棚や引き出しを設置しておくと、印刷にも保管にも配布にも便利。学校全体の効率アップに。

プリントを全児童分印刷することがあります。これを学級の在籍数ずつに分けて、学級担任の先生の机上に置いていきます。

単学級ならばそれほどの手間ではありません。しかし、学級数が増えてくるとかなりの時間がかかります。印刷にも時間がかかりますし、学級担任の机上に置いていくのにも時間がかかります。何学級分も印刷していると、どこまで印刷したのかを忘れることもあります。

これを一気に解決する方法が、学級別のプリント入れを印刷室に設置しておくというものです。印刷室でなくても、職員室でもかまいませんし、廊下でもかまいません。

棚か引き出しに学級表示と在籍数を貼って置いておきます。1学級分のプリントを印刷したら、そこにどんどん入れていきます。これなら、どこまで印刷したか一目で分かります。また、机上に配る手間もかかりません。学級担任も、この引き出しにプリント類が全て入っているので確認にも持ち出しにも便利です。

プリント以外にも、学級の児童への連絡や配布物も入れられて重宝します。

ポイント

◎学級ごとの棚を設置する
◎プリント以外にも入れてよい
◎教室へ行く前にこの棚を確認

●私の場合

この方式を採用する前は、全校児童分のプリントを印刷するときには鉛筆が欠かせませんでした。

何年何組まで印刷したかが分からなくなるので、1番上のプリントに3年4組なら「3－4」などと書いておく必要があったからです。

これらを学級担任の机上に配布してまわるのも面倒でした。何度も戻りたくないので、たくさんのプリントを持って移動しますから、重いし動きにくいし、邪魔にされるし。

この棚を印刷室に（後に廊下へ）設置してから、こういう仕事が驚くほど軽減されました。

各学級担任も教室へ行くときに、この棚をさっと確認して行きます。

数字はタッチタイピングで

テンキーだけでもタッチタイピングができると、テストの点数の入力スピードが飛躍的に高まり、時間短縮につながる。

タッチタイピング（キーボードを見ずに入力すること）は難しいと思われています。確かにキーボード全部のタッチタイピングをマスターするには、それなりの練習方法と時間と根気が必要です。ですが、テンキーだけのタッチタイピングならばそれほどの苦労はいりません。そして、テンキーのタッチタイピングができるようになるだけでも、仕事の時間はかなり短縮できます。

まず、テストの点数入力が簡単になります。名簿を見ながら、あるいはテストを見ながら点数を入力し、エクセルの読み上げ機能を使って（↓35参照）確認しながら進めれば、まず入力の間違いはありませんし、非常に短時間に終了できます。

また、アンケートの集計も、選択項目を数字に置き換えて入力するようにすれば、あっという間に終わります。

テンキーのタッチタイピングでは0～9までのキーと「Ｅｎｔｅｒ」キーが押せれば十分です。5のキーにポッチがありますので、そこにいつも中指がくるようにポジションをとり、あとは実際に入力しながら練習します。コツは絶対に右手を見ないことです。

ポイント

◎テンキーだけでもタッチタイピング
◎0~9と「Enter」キーだけ覚える
◎アンケート項目は数字に置き換えて

●私の場合

私は独学でタッチタイピングを覚えました。ですから正式ではなく、指の動きはめちゃくちゃです。また、たまにはキーボードを見ないと打てないこともあります。でもこれで十分です。

校内の授業研究会では、司会をしながらワープロで逐語録ふうの記録もとり、場合によっては発言もします。

最初はホームポジションに手を置き、左手の小指で「A」のキーを押すことから始めたのを、今でもよく覚えています。これだけでも見ないで押せるようになると、何となく入力が速くなりました。

あとは、文書を作成するとき、とにかくキーボードを見ずに、モニターだけを見て入力することです。

これを重ねるうちに、自然と指がキーを覚えていくのです。

まるつけするから一人ずつもってきてー

4

差のつく研究・研修のワザ

こんな短時間では何もできないと思っていると、それは本当に何もできない無駄な時間になり、できると思えばかなりのことができます。

通勤時間は自己研修の時間

通勤時間は自己研修の時間と割り切って読書をする。
カセット文庫の講演記録もお勧め。

電車やバスで通勤しているなら、その時間を自己研修の時間と割り切って読書をします。自己研修の時間と割り切ることで、読む本の内容が決まります。

例えば、これから入る単元の実践記録や授業記録、教科教育や教育一般についての専門書、自分の教養を高める本、などなどです。こういう本を選んで読むようにします。

自家用車で通勤している場合は、腰を据えて読書をするというわけにはいきません。お勧めはカセット文庫やCD文庫です。各地の図書館には必ずそのコーナーがありますから、大いに利用します。内容は小説が最も多いのですが、講演や評論、古典もそろっていますので、知識を増やし、教養を高めることができます。

意外におもしろいのは、同じ講演記録を繰り返し聞くことです。普通、聞くときには1回しか聞かないものですが、何度も聞くと、それまで気付かなかったことに気付いたり、大事な部分が自然と記憶できたりします。

これは電車やバスで通勤している場合にもお勧めです。

ポイント

◎教育書や専門書を積極的に読む
◎車通勤ならカセット文庫を活用する
◎講演記録を何度も聞くのもお勧め

●私の場合

かつて、齋藤一人さんのカセットテープをずっと聞いていたことがありました。なんでも、100回聞けば分かるようになる、100回シリーズというカセットテープでした。

毎日毎日、来る日も来る日も、自宅と学校との往復の車の中で聞き続けました。次にどんな話題が出るのか、どんな言葉を言うのかはもちろんのこと、どんな声か、どんな話し方か、どんな間か、などがほとんど分かってきました。

何気なく聞いているだけでもかなりの情報量が蓄積できます。

もしも、名人と言われる人の授業記録を同じように聞き続けたとしたら、名人と同じくらいの授業ができるのではないか、などと思うのですが、まだ挑戦しておりません。

通勤時間に教材研究をする

通勤時間に研究授業などの教材研究をするのは意外に効果的。
授業のシミュレーションもイメージ豊かにできる。

研究授業の前や新しい単元に入る時などは、通勤時間に教材研究や授業のシミュレーションをするのがお勧めです。

教材研究といっても、関係の資料を調べたり、ワークシートを作成したりすることはできません。できることは、導入にはどのような話題をもってくるかとか、中心の発問をどうしようとか、つまずいている子がいたらどう助言しようかとかということです。

また、具体的な授業場面を思い描いて、実際に授業を想像の中で進めてみることもできます。いわゆるシミュレーションですが、これを何度も繰り返すことで授業のイメージが固まってきて、実際の授業のときに慌てなくてすみます。

これらの作業を電車やバスに揺られながら、また自動車を運転しながら行うと、不思議と豊かな発想がわいてきます。体に伝わる振動が脳を適度に刺激するからでしょうか。どうしても記録に残しておきたい場合のために、メモ帳やボイスレコーダーは身近に準備しておきます。

ただし、常に安全運転は最優先です。夢中になりすぎて本末転倒にならないよう、十分注意します。

ポイント

◎授業のシミュレーションをしてみる
◎メモ帳やボイスレコーダーも活用
◎常に安全運転最優先を意識する

●私の場合

車を運転しながらよく授業のシミュレーションを行います。シミュレーションではいつも、授業が大成功するようになっています。

発問がうまくいって子どもたちがいい意見をどんどん言って、授業研究会ではみんなから素晴らしい授業だったと賞賛されるのです。

それからジョークのシミュレーションもよくやります。授業中にジョークを言ったりおもしろい話をしたりして、子どもたちが笑っている姿を想像します。

慣れてくると、あの子がこんなことを言いそうだ、というところまで想像できます。

これで、とても気分よく学校に行くことができます。研究授業が何だか楽しく、わくわくしてきます。

インターネットを活用する

ネット上にある数多くの指導案やワークシートを積極的に見る。作成の参考にもなるし、新しい発想も得られる。

研究授業をしたり、新しいワークシートを作ったりすることになったら、まず最初にすることはたくさんの先例に当たることです。

一から作り上げることも価値のあることではありますが、教師の仕事で重視すべきは、オリジナリティのあるものを開発することではありません。子どもを教育するという点で、最も効果的な実践をすることです。ですから、自分が考えようが他人の考えであろうが、最も効果のある実践をすることがまず大切です。

ネット上には大量の実践例があふれています。自分で授業を一から考えたり、ワークシートを一から作り上げたりする前に、1時間でいいからネット上の実践例を見ることです。検索エンジンを上手に利用することが肝心です。

多くは自分が思い描いているものとはかけ離れていて、役に立たないかもしれません。でも、数パーセントは何らかのインスピレーションをもたらしてくれます。それが大事です。

最初の発想さえつかめれば、それを推し進めていくのは時間と経験で可能となります。

ポイント

◎ワークシートは一から作らない
◎ネット上の先例を数多く見る
◎先例から得た発想をもとに作成する

●私の場合

7年前に自分のホームページを作り、そこに授業の実践記録を数多くアップしていきました。

自分では結構たくさんアップしたつもりでしたし、授業記録から授業のイメージを読み取ってもらえるものと、1人で満足していました。

ある日、知り合いの先生にホームページのことを話したら、

「実践記録よりも資料が欲しいんだよね」

と言われてがっかりしました。

でも、言われてみれば授業記録をじっくり読むには時間がかかります。さっとダウンロードして使える資料があった方が、確かに便利だと思いました。

それ以来、できるだけ資料をアップするするようにしました。

検索エンジンをうまく使う

検索エンジンを上手に使えば、ネット上の膨大な資料を短時間で有効に活用することができる。

例えば、ただ単にＧｏｏｇｌｅの検索ウィンドウにキーワードを入れて検索をしていたのでは、効率よくデータを活用しているとはいえません。いくつかのポイントを押さえるだけで効率が高まります。

・スペースを空けて2語以上を入力すると、それら全部の語が含まれるページを検索してくれます（例「やまなし　指導案」→検索）。

・長い語の場合、Ｇｏｏｇｌｅは自動で短いパーツに分けてしまいます。長い語のまま検索したい場合は半角のダブルクォーテーションではさみます（例「″わらぐつの中の神様″」）

・写真やイラストや画像を検索したい場合は「画像」ボタンを使います。関連するページにある画像を表示してくれます。

・画像を検索する場合、アルファベットでも検索するとヒット率が高まります（例「わらぐつ→waragutsu」）。

・通常、最も有効だと思われる10件を表示しますが、設定で50件表示にしておくと便利です。

・「キャッシュ」ボタンを押せばキーワードをハイライト表示してくれます。

ポイント

◎検索エンジンを有効活用

◎「画像」ボタンで画像を検索

◎「キャッシュ」ボタンでハイライト表示

●私の場合

ある道徳の研究授業を見たことをきっかけに、一つの話を思い出しました。我が身を投げ出して、ブレーキの利かないバスを止め、殉職した車掌さんの話です。たしか九州のバスでした。

この話を詳しく知りたいと思い、Googleで「バス　九州　車掌　下敷き　救助」と検索しましたが、求める記事がヒットしません。

そこで、少し語句を変えて「バス　九州　車掌　身を　殉職」と検索すると、関連の新聞記事がヒットしました。

そこに車掌さんの名前があったので、今度は名前も入力して再度検索しました。すると何と、道徳の授業記録が抽出されてきました。

研究授業と比較することができ、大満足でした。

メーリングリストに入る

メーリングリストに入ると、関連情報がたくさん手に入る。日頃から疑問に思うことを質問し、教えてもらうこともできる。

メーリングリスト（ＭＬ）とは、そこに参加している人に同時に同一のメールを配信する仕組みのことです。仮に、ＡＢＣＤＥの５人が参加しているＭＬなら、ＡさんがＭＬのアドレスにメールを送ると、それがＡＢＣＤＥさん全員に送られます。送った本人にも送られます。

教育に関するＭＬもたくさんあります。自分の研究分野に合ったＭＬを探して、参加してみましょう。そして、そこに関連する話題に自分の知っている情報があれば、遠慮せず積極的に投稿します。会員の多いＭＬでは発言量も多く、読んでいるだけでも勉強になります。また、日頃の悩みや疑問点を投稿することで、アドバイスをもらうこともできます。

入っていれば勉強にもなり、利点の多いＭＬですが、最低限のマナーは必要です。

例えば、読んでいるだけではなく、最低でも月に１回程度は感想でもいいので発言をします。質問をして答えてもらったら、お礼を述べます。何人かの方から答えてもらったら、答えを上手にまとめた上でお礼を述べるといいでしょう。批判や中傷はもちろんいけません。また、それを積極的に勧めているＭＬでない限り、批評もできるだけ避けた方がいいでしょう。

ポイント

◎疑問や質問は積極的に投稿する
◎自分の知っている情報も発信する
◎発言のマナーは必ず守る

●私の場合

以前、情報教育関係の研究授業をすることになりました。算数の時間にコンピュータを使って計算問題を解くという学習を計画しましたが、かけ算の筆算をする場面で、授業内容に合うソフトがなくて困ってしまいました。

そこで、学習ゲーム関係のメーリングリストに入っていたので、研究授業で困っていることを投稿しました。

すると、メンバーの中のプログラムに堪能な教師が、希望するような動作をするソフトを一晩で作って送ってくれたことがあります。

おかげで授業は大成功。

ソフトを作成してくださった先生に感謝するのはもちろんですが、メーリングリストに入っていてよかったと強く思いました。

返事・お礼状は真っ先に！

手紙や電子メールの返事やお礼状をすぐに出すと、相手の方に好感を持たれ信用度がアップする。それが次の仕事につながる。

訪問先を辞して最初の郵便ポストにお礼状を投函するという、スーパーセールスマンの話を読んだことがあります。自分を相手に強く印象づけるためにはたいへん有効です。同時に仕事のできる人、礼節をわきまえた人という評価も得るでしょう。

早く返事を出すと、相手の人は、それだけ自分のことを気にかけてくれているのだなと思います。また、返事を早く知りたい場合にはたいへんありがたく思います。

ですから、返事やお礼状はすぐに出すように心がけます。それが自分の信用を高め、次の仕事につながっていきます。後で出そうと思っていてうっかり忘れてそのままにしておき、催促されるようでは、信用は失墜してしまいます。

はがきは20枚くらいまとめて買い、自宅と職員室に常備しておきます。近年は電子メールでのやりとりの方が多いでしょうから、最低1日1回はメールチェックを行います。そうして、研究会に参加して意気投合した方からのご挨拶や、わざわざ送ってくださった資料、自分の実践への問い合わせなどに素早く返信します。これを心がけていると、いつの間にかそれが習慣となります。

ポイント

◎返事やお礼状は可能な限り早く出す
◎はがきはまとめ買いして常備する
◎メールチェックはなるべく頻繁に

●私の場合

家にいるときは多くの時間をコンピュータの前で過ごしています。

メーラーは常に起動させておいて、15分～30分に1回は必ずメールチェックをします。

私個人宛のメールには、調べて返事をする必要があるもの以外は、ほぼその時に、遅くともその日のうちに返信をすることにしています。

考えをまとめる必要があったり、資料にあたる必要があったりするものでも、なるべく翌日には返信をするようにしています。

たまに「メールを出したらすぐに返事が来たので驚いた」と言われることがあります。メールの返事をすぐにもらえるのは、誰にとってもうれしいことのようです。

悪口が出たら席をはずす

他人の悪口と噂話には同調してはならない。その場で聞いているといつ同意を求められるかも知れない。席をはずすのが1番いい。

職員室にいると、近くで雑談が始まることがよくあります。他愛のない話ならばいいのですが、ともすると、以前の同僚とか保護者とかの噂話になることがあります。さらにそれがこうじて、その人の非難や批判につながることもあります。

そんな話に関わっていると、同じ考えだと思われたり、一緒に非難していたと思われてしまうこともあります。そんなふうに思われていいことは一つもありません。

そういう時には「馬耳東風」を決め込んで、聞き流すのが1番です。でも、その場にいるとそれも難しい場合があります。

そこで噂話や非難が始まったらそっと席をはずすことです。教室に荷物を取りに行ってもいいし、図書室に資料を探しに行ってもかまいません。単純にトイレに行ったり、お茶をいれに行ってもいいでしょう。とにかく、その場を離れることです。

その場を離れれば、自分の仕事もはかどりますし、誤解を受けることもありません。ただし、あからさまにやるのは逆効果ですから、自然に振る舞うことが大切です。

ポイント

◎噂話や非難めいた話は聞き流す
◎それが難しい場合は席をはずす
◎席をはずすときは自然にさりげなく

●私の場合

もうずっと前の話ですが、職員室でいつも生徒のことを悪しざまに言う人がいました。

あれができない、これができない、あの時こんなことをやった、こうすればいいのにやらないなど、聞いていて、いい加減辟易しました。

ある日それを教務主任に訴えてみました。すると教務主任は

「でもね、そうやって職員室でうっぷんを晴らして、それで教室では笑顔で頑張って来られるのかもしれないんだよ。だから、何でもかんでもそれが悪いと決めつけない方がいいんじゃないかな」

と言いました。

それも一理あると思いました。

でも、やっぱり誰かのことを悪しざまに言うのは、いいものではありません。

得意なことは進んで手伝う

自分が得意にしていることは、たとえ相手の人が困っていなくても進んで手伝う。するとと、自分のときにも喜んで手伝ってもらえるようになる。

自分の得意なことは進んで手伝うといいでしょう。

書道が得意な人は賞状の名前の揮毫《きごう》を、パソコンが得意な人はエクセルでアンケート集計を、という具合に。

でも、たいていの人は二つの理由でこれを尻込みしてしまいます。

こんなことを手伝うのはおせっかいじゃないか、という消極的な理由と、自分ばかり手伝うのは不公平だ、という打算的な理由です。

しかし、誰でも声をかけてもらうのはうれしいものです。自分のことを気にかけてくれていると思えるからです。

また、自分から先に手伝うからこそ、相手の人も厚意を返してくれます。

日頃から手伝いをしていると、自分に不得意な仕事が回ってきたときや、忙しくてにっちもさっちもいかないときに、進んで手伝ってくれる人が出てきます。こんなにありがたいことはありません。

自分の得意なことを進んで手伝うことが、結局は自分の仕事に返ってくるのです。

ポイント

◎自分の得意なことは進んで手伝う
◎おせっかいだと思わず積極的に
◎喜んでもらうだけで気分がよくなる

●私の場合

私は書道を少し勉強していた時期があり、それほど上手ではありませんが筆で名前を書くのに多少慣れています。それで、書き初め展覧会などの賞状の名前は、全クラス分を引き受けて書きます。

またパソコンの扱いも苦ではないので週案や家庭訪問の通知など、なるべく自動化できるものはエクセルでフォーマットを作って使ってもらいます。アンケートの集計などもエクセルで全クラス分をやってしまいます。

研究授業で使用するデジタル教材作りや機器の準備なども、できる範囲でお手伝いします。

私の場合は、相手の方が喜んでくれるだけで満足し、とても気分がよくなります。その結果、自分の仕事もはかどるというわけです。

私は
こんなことを
していますよ
仲間の先生
そのアイデア
いただきます!!

5

学級経営を変えるアイデア

上手に学級経営するためのアイデアを考えるのは楽しいものです。それは子どもたちの成長、喜ぶ顔、幸せにつながる道だからです。

出勤したら即教室へ向かう

出勤したらまず教室に行く。子どもとあいさつを交わして子どもの顔を見、提出物を点検することで、スムーズに一日が始まる。

出勤したらまず教室に行く、と決めてしまいます。何か特別な用事がない限り、すぐに教室に行くことにします。

教室に行ったらまず、子どもたちの顔を見て、子どもとあいさつを交わします。いつも元気な声であいさつをする子の声が小さかったり、その逆があったり、などのちょっとした子どもの変化を見ます。

次に欠席の連絡や保護者からの手紙がないか確認します。連絡帳にはその場で返事を書きます。さらに提出物の点検をします。アンケートや申込用紙などには1枚ずつ目を通し、不備がないか確認します。不備があればその場で子どもに聞き、必要ならば家庭に連絡をします。時間があれば、宿題の点検をします。

まだ時間があれば、教室内の環境整備に目を配り、乱れていたら整頓をさせます。

朝、これだけのことをしてしまえば、ゆとりをもって1日を始めることができます。また始業前ということもあり、ゆったりと子どもに向き合うこともできます。

ポイント

◎はじめに子どもの顔と声をチェック
◎その後で提出物をチェック
◎ゆとりをもって1日を始める

● 私の場合

出勤は早いのですが、以前はいつも職員室でちょっとした事務仕事を片付けてから教室に向かっていました。その頃になれば多くの子どもたちが登校してくるので、時間を有効に使えると思っていたわけです。

ある日、特に事務仕事がないので早めに教室に行きました。まだ子どもは誰も来ていません。しばらく1人で待っていると、話し声とともに最初の子がやってきました。

教室に入る瞬間、私の姿を見つけ、一瞬びっくりしたような顔になり、そして「おはようございます」とあいさつをしました。私もあいさつを返しました。その子は毎日1番に来るので、教室に入る時、誰にもあいさつをしたことがなかったのだと後から聞きました。

プリントに番号を書かせる

子どもにプリントを配ったら、どんなプリントでも右上にすぐに自分の出席番号を書かせる。これで紛失が激減する。

学校生活で意外に煩わしいのが、落とし物の処理です。最近の子どもは自分の持ち物に無頓着になっていて、落としたことにさえ気が付きません。

落とし物が鉛筆や消しゴムならば、持ち主が見つからなくてもそれほど困ることはありません。しかし、保護者向けに配布したプリント類となるとそうはいきません。それらは、確実に保護者に渡ることを想定しているからです。

ですから、仮に配布したプリントが床に1枚落ちていたとしたら、そのプリントを落としたのが誰かを確かめる必要が出てきます。

聞いてすぐに落とし主が分かればまだいいのですが、分からない場合は全員に確認しなければなりません。この時間と労力はたいへんなものです。

そこで、プリント類を配布したら、まず、全て右上に自分の出席番号を書かせます。必ず書かせます。隣同士で確認させたりして、習慣となるまで書かせます。

これでプリントが落ちていても誰のものなのかがすぐに分かります。

ポイント

◎配布プリントに出席番号を書かせる
◎習慣となるまで何度でも声をかける
◎落ちたら番号を見て持ち主に

●私の場合

小学校3年生を担任しているときに、プリントの右上に出席番号を書かせていました。最初のうちは忘れている子も多く、配る度に

「右上に番号を書くんだぞ」

と言っていましたが、何度も繰り返すうちに、言わなくてもちゃんと番号を書くようになりました。

その後、学級担任をはずれ、その子たちが5年生になった時に、週に何時間か授業に出ることになりました。

もうクラス替えをしていて、担任していた子どもたちばかりではありませんでしたが、プリントを配ると、何人かの子はまだちゃんと右上に番号を書いていました。

何だかとてもうれしかったのを覚えています。

忘れ物は自己申告させる

忘れ物は必ず自己申告させる。連絡帳に忘れたものを朱書させ、それを見せながら言わせる。これが意識付けとなる。

いかに忘れ物を少なくするかは教師の永遠のテーマと言ってもいいと思います。近年は特に忘れ物をする子が増えてきました。

忘れ物対策とマナーの指導を兼ねて、忘れ物をしたときには、連絡帳に、その日付と忘れた物を赤ペンで書かせ、口頭できちんと忘れたことを報告させます。

報告の内容は、忘れた物、忘れた理由、今日はどうするか、いつ持ってくるか、です。決まり文句になりがちですが、一つの報告の仕方として身に付けるのも大切なことです。

例えば教科書を忘れたとすると、子どもは連絡帳に「○月○日　国語の教科書」と書いて、それを見せながら「国語の教科書を忘れました。今朝、あわてて用意したからだと思います。今日は隣の人に見せてもらいます。明日は必ず持ってきます」と言います。

そして持ってきたら必ず見せに来させます。

これで忘れ物が激減することはありませんが、家に帰って連絡帳を見たときに朱書に気付きますから、連日の忘れ物は減ってきます。

ポイント

◎忘れ物は連絡帳に赤ペンで書かせる
◎連絡帳を見せながら報告をさせる
◎持ってきたら必ず見せに来させる

●私の場合

どうしても忘れ物がなくならない子がいました。連絡帳に毎日のように朱書して見せに来ます。

しかし、家に帰って連絡帳を見る習慣がなくて、家に帰るとすっかり忘れてしまうようです。

ある日、100円ショップで買ったこぶし大のぬいぐるみを、

「これが三角定規を持ってくるという目印だよ」

と念を押して、ランドセルにぶらさげて帰しました。

このぬいぐるみは効果絶大でした。それまで毎日忘れていた三角定規を翌日はちゃんと持って来ました。彼いわく、

「ぶらさげていると、これ何ってみんなに聞かれていちいち説明するのが面倒なんです」

すごい習慣 55

大事なプリントは黒板に

大事なプリントや子どもに提出を意識させたいプリントは、黒板に磁石で貼り付けておくと、いつでも目について便利。

来週の授業参観の連絡とか、国語辞典の購入申込書とか、今週中が提出期限の社会科新聞とか、しばらく保管しておきたいプリント類は黒板に磁石で貼り付けておきます。

こうしておけば、どこかにしまい込んで探すのに苦労したり、紛失してしまったりすることがありません。

また、いつでも目につくところに貼ってありますので、折に触れて子どもたちに呼びかけることもできますし、子どもたちも毎日見ているので忘れることがありません。

貼り付けるには、クリップと磁石が一体となっているものがたいへん便利です。

クリップは強力なものの方が、学級全員のプリントを難なくはさむことができて重宝します。デザインにこだわらなければ100円ショップで安価に入手できます。

ただし、前面の黒板にあれもこれもべたべたと貼るのは、子どもたちの集中力を乱すことにつながります。

本当に大事なプリントだけを整然と貼ることも大事です。

ポイント

◎大事なプリントは黒板に貼る
◎貼るにはクリップ付き磁石が最適
◎乱雑にならないよう整然と貼る

●私の場合

100円ショップで、大型の目玉クリップに強力磁石をくっつけたものが、2個100円で売られていました。これは便利だと思って、数個買い求めました。

使ってみると予想通りたいへん便利です。クリップも磁石もとても強力です。

教室でプリントをはさんで黒板に貼っていますが、職員室でも使っています。反古紙をA5サイズに切ったメモ用紙を200枚くらいはさんで机に貼り付けても、強力にキャッチ&グリップします。ボールペンでもはさみでも、ちょっとしたものならばはさんで貼り付けておくことができます。

ものを紛失しなくなりましたし、伝達事項も整理されるので、かなり伝わりやすくなりました。

いい買い物をしました。

デジカメで記録せよ

授業終了時の板書や、子どものノート、図工の時間に作った作品など、デジカメで撮影しておくと記録にも評価にも使える。

記録はなるべく残した方がいいとは、誰もが思うでしょう。

でも、手間がかかる上に、保存場所も必要だということを考えると、どうしても尻込みをしてしまいがちです。

しかし、デジタルカメラを使うと、手軽にかさばらずに記録を残すことができます。

まず、板書の記録です。これは授業が終わったときに黒板をデジタルカメラで撮影しておくだけです。簡単な授業記録にもなります。解像度はそれほど高くなくても十分に読めます。

次に子どものノートです。接写モードにするか、離れた所からズームアップして撮影します。後で授業記録をまとめたり評価に使ったりできます。

また、図工の作品を撮影しておくのもいつでも見られます。粘土や工作はいずれ形がくずれてしまいますので、写真に撮って残しておくといつでも見られます。印刷して子どもにわたしても喜ばれます。

このほかにもいろんな場面を撮影しておくといいと思います。最近は携帯電話のカメラも高性能ですから、十分に活用できます。

ポイント

◎ノートは接写かズームアップで
◎映像は後で評価にも生かす
◎携帯電話のカメラ機能でも十分

●私の場合

最近のデジタルカメラの画素数は800万画素から一千万画素と、非常に高性能になっています。

でも、記録を残すだけなら、100万から200万画素で十分です。むしろその方が、メモリを気にせずにどんどん撮影できて便利だと思います。

また、携帯電話のカメラ機能もかなりよくなり、光量にさえ気をつければ、十分使うことができます。

買い替えて電話としては使わなくなったカメラ付の携帯電話を、教室記録用のデジタルカメラとして備えておくのもいいと思います。

保護者の協力を得て、使わない携帯電話を寄付してもらえば、子どもたちが自由に使うこともできます。

ルールは文章と写真で掲示

学級にはいくつかのルールがある。
子どもに浸透するまでは、ルールは文字と映像で提示するのが効果的。

「次の時間の勉強道具を準備してから休み時間にします」

新学期には、このようなルールを何度も確認することになります。

しかし、言葉というものは送り手と受け手との間で、違う意味に取られていることがあります。また、複数の受け手同士の間でも同様です。その結果、送り手の意図したようにならないことがしばしばあります。

これをなるべく避けるためには、言葉と共に画像を子どもたちに示すことです。画像で示すことで、言葉では伝え切れない多くのことを伝えることができます。

先のように勉強道具を準備するというルールだったら、机の上に教科書とノートを広げ、筆記用具を出した状態の写真をデジカメで撮ります。この写真をＡ４の大きさで印刷し、画面下部に、「休み時間の前に準備」とゴシック体で目立つように書きます。これを黒板や掲示板に貼っておけば、何をすべきか一目瞭然です。

文字と画像でルールを提示するのが最も効果的です。

ポイント

◎ルールを守っている場面を撮影する
◎画面にルールを表す言葉を入れる
◎印刷して掲示する

●私の場合

こんなルールを掲示してみました。

・下駄箱に靴が入っている画像＋「くつはいつもそろえて」
・帽子をとって先生にあいさつする画像＋「あいさつは帽子をとって」
・階段を静かに上る画像＋「階段ではだまって右側を」
・教室のロッカーの画像＋「いつも整理整とん」
・真っ直ぐ挙手する画像＋「手はまっすぐ上げる」

マナーに入るものもありますが、画像と一緒に提示すると子どもたちにもよく伝わるようです。

また、モデルになってくれる子を募ると、そのことがルールを守ろうとする意欲付けにもなるようです。

すごい習慣
58

自己採点力を採点する

計算ドリルも漢字ドリルも自己採点させる。自己採点する力も学力。教師は子どもの自己採点力を採点する。

子どもがドリルやプリントを正確に自己採点できるようになれば、教師の労力は半減します。また、子どもが正確に自己採点できるようになるということは、相当な学力を身に付けたということの証しにもなります。

特に漢字ドリルの自己採点においてはこのことが顕著に現れると思います。

そこで、ドリルやプリントはなるべく子どもに自己採点をさせます。

しかし、特に漢字のドリルやプリントの場合、子どもに自己採点を任せると、点画の長短や曲がり折れの違い、終筆のはねや払い、字形のバランスなどが、的確にチェックされないままになってしまうことがよくあります。

そこで、最初のうちは子どもたちの自己採点が正しくできているかを教師が採点します。

これは、始めのうちは教師が自分で採点するよりもたいへんです。

しかし、これを続けていくうちに、子どもたちには自己採点力がついていき、同時に学力もついていきます。

ポイント

◎ドリルやプリントは自己採点

◎教師は自己採点が正しいかを採点する

◎自己採点力が身に付くまで続ける

●私の場合

毎週1回行う漢字テストを、3年生の子どもたちに自己採点させていました。自己採点された漢字テストを集め、それを改めてチェックし、採点の間違いを正し、採点が間違いなくできている場合は「Very good!」とテストに大きく朱書して返しました。

ですから、極端な場合、漢字テストが1題しか書けなくて、しかもそれが間違っていた場合、自己採点でバツをつければ、テストは0点ですが、大きく「Very good!」と書かれます。

これは子どもたちにたいへん評判がよかったようです。

ほとんどの子が間違いなく自己採点できるようになるまで3か月ほどかかりましたが、今ではスムーズに皆、自己採点できるようになっています。

プリントは多めに印刷する

プリントは子どもの人数よりも多めに印刷し、教室の専用コーナーに置いておく。急場のプリント学習に活用。

急な用事ができて休暇を取らなければならない時があります。

時間にゆとりがあれば、自習用のプリントを作ったり、子どもたちに活動内容を事前に説明しておいたりすることができますが、それもできないことがあります。

こんなときに、あらかじめ作ってあったプリント類があれば、復習や学力アップとして時間を有効に使うことができます。

とはいえ、そういうことを想定して普段からそのためのプリントを準備しておくのは、やや面倒なことでもあります。

そこで、通常の授業でプリントを使うときに、クラスの人数の半数分くらい多めに印刷し、余ったプリントは専用コーナーに置いておきます。こうしていくつもプリントを集めておき、いざという時にはこのプリントを自由に使うよう指示します。

改めてプリントを作る必要がなくて便利な上、一度授業で使って子どもたちもやり方が分かっていますから、スムーズに取り組むことができます。

ポイント

◎プリントは学級の人数よりも多めに
◎余ったプリントは専用コーナーに置く
◎急な用事にはこのプリントを活用

●私の場合

家庭学習用のノートを子どもたちに用意させ、見開き2ページを使ってどうやって家庭学習をするかを、教室で何度も指導したことがありました。

見開き2ページが1日分の家庭学習の分量です。

どんな内容にするのか、どのようにレイアウトをするのか、どんな文房具を使うのか、いろいろなアイデアを出させ、実際に何度か教室で書かせました。

「自学帳」と名付けたこのノートを、子どもたちは毎日提出しました。

急な用事ができた場合でも「自学帳をやる」と指示するだけで、子どもたちは黙々と自学自習に励んでくれました。

このように、日頃から自主学習できる訓練をしておくことも大切です。

自習の作法を指導しておく

どうしても子どもたちだけで自習をしなければならない時のために、
自習の作法を普段から指導しておくと安心。

校内の授業研究会や、出張が重なって職員が手薄な時など、どうしても子どもたちだけで自習をしなければならない時間帯が出てきます。高学年になればなおさらそういう機会が増えます。

こんなときに子どもたちだけで静かに自習ができるようになっていると、特別に指導をする必要もない上に、他の職員からも一目置かれるようになります。そのためには、日頃から自習の作法を子どもたちに教えておく必要があります。自習の作法としては

・必要のない私語は慎むこと
・席を離れて出歩かないこと
・指示された作業内容が終わったら読書をしていること（そのための本は必ず1冊手元に置いておくこと）
・緊急の場合は、両隣の学級の先生に連絡すること
・自習の様子は日直が記録し、後で担任に報告すること

などが考えられます。

これらを教室に掲示し、日頃から練習をして身に付けておくようにします。

ポイント

◎日頃から自習の作法を子どもに示す
◎自習のポイントを教室に掲示する
◎何度か実地練習をして身につけさせる

●私の場合

じっと黙ったままでいるのが苦手な子が数人いました。みんなが黙って作業をしているのに、ついつい話し始めてしまいます。普段はそれほど困らないのですが、子どもたちだけで自習をする時にはほかの子の迷惑になります。

そこで、しばらくの間黙ったままでいる練習をすることにしました。

「今から、何分間全員が黙ったままでいられるか、時間を計ります。いいですか。用意、始め」

5分や10分は黙っていられるだろうと思っていたのですが、黙っていられたのは何と15秒でした。私が目の前で期待しながら時計を計ったのが、遊び心たっぷりの子どもたちには逆効果だったようです（いつもはもうちょっとがまんできていました）。

発表の時間は評価の時間

子どもたちが音声言語による発表活動を行う場合は、1人発表するごとに相互評価の時間を設け、その時間に教師も同時に評価。

国語や社会科の時間に、子どもたち1人ひとりが調べたことや考えたことを発表することがあります。発表内容や発表の仕方、態度を評価することになりますが、後から思い出して評価するのは難しいので、その場で評価することになります。

これを効果的に行うには、子どもたち1人ひとりに評価カードを持たせ、1人発表するごとに、相互評価の時間をとります。

慣れてくると、発表の最中から評価をすることができますので、相互評価の時間はそれほど長くなくてもかまいません。

この相互評価の時間に、教師も子どもたちと一緒に評価をしてしまいます。観点を明確にして素早く評価します。これで、子どもたちの発表が終わると同時に、評価も終えることができます。

全員の発表が終わってから、子どもたちの相互評価では誰の評価が高かったか、挙手させてみます。挙手の状況と教師の評価とを比較してみると、子どもたちの評価力が育っているかどうかも分かって一石二鳥です。

ポイント

◎子どもの発表は相互評価させる
◎相互評価に教師も評価を
◎評価は観点を明確にして素早く行う

●私の場合

子どもたちが相互評価した結果を挙手させて、自分が評価した結果と比較してみるとおもしろいことが分かります。

まず、この子はとっても上手だなと思って高い評価をつけた子については、多くの子どもたちも高い評価をする傾向にあります。

しかし、この子は内容も普通だし発表の仕方も特によいとは思えないなと思って、普通の評価をつけた子について、子どもたちは思いがけず高い評価をすることがあります。その子との仲の良さの度合いや、発表にユーモアがあるかによって左右されてしまうようです。

子どもの評価力が不十分だということでもありますが、子どもと教師の見方の違いはこんなところにも現れるのだなと、ちょっと感心したりします。

丸は3種類以上考えておく

子どものノートに大きくつける丸は3種類以上考えておく。丸をつけるだけでも喜んでくれるので、忙しい時にはとても助かる。

ノートやプリントに大きな丸をつける機会はたいへん多いと思います。

単純に3重丸をつけるだけでも子どもたちは喜んでくれますが、その丸が何か特徴的なものなら、なおさら喜びます。

子どもたちが喜ぶ丸を何種類か考えておけば、時間がなくて宿題やノートを詳しく見られないときでも、その丸をつけて子どもたちを満足させることができます。

そのような丸の条件がいくつかあります。

まず、簡単に描けることです。時間がかかってしまっては、時間のないときに使えるという最大の効果を捨ててしまうことになります。ですから、短時間にさっと描けることが大事です。

次に、見ておもしろいものです。おもしろい丸に、子どもたちは大喜びします。つけてもらうだけで満足です。また、おもしろい丸をつけてほしいので、一生懸命に頑張る子も出ます。

それから、評価として使えるものです。丸をつけることそのものも評価になっていますが、それとは別に子どもにも評価が分かるような工夫があるといいと思います。

ポイント

◎ノートにつける丸は
普段から数種類考えておく
◎なるべく
おもしろい丸をつける
◎丸は評価としても活用する

●私の場合

花丸とか梅丸とかペロペロキャンディー丸、100円丸とか団子丸とか鬼丸とか、いろいろな創作の丸を描いてきましたが、結構長続きしたのは、クマ丸とブタ丸でした。

何ということもない丸で、普通の3重丸を描いて、上に目、下に口を適当に描き、耳をつけるとクマ丸になります。そこに、くるんと巻いたしっぽを描くとブタ丸になります。

この丸のおもしろいところは、目と口を変えるだけで表情が一変し、3段階での評価を簡単に表すことができた点です。ここにさらにリボンをつけたり、蝶々を描いたりして、どんどんエスカレートさせると子どもたちも大喜びでした。

〈上のイラストを参照してください〉

消しゴムはんこを作れ

消しゴムではんこを作る。手作りの味わいとオリジナリティがあり、市販のはんこよりも子どもたちの受けが格段にいい。

教師の作るオリジナル消しゴムはんこの威力は絶大です。これをノートやプリントに押してもらうだけで子ども達は大喜びです。

やや大ぶりの消しゴムが彫りやすくていいと思います。

周りが赤くて文字やイラストを白くしたいなら、下絵を鉛筆やボールペンで描いて、その線を彫刻刀の三角（刀）で掘ります。白くしたい部分が広い場合は丸刀で彫ります。

反対に周りが白くて文字やイラストを赤くしたいなら、やや太めのフェルトペンで下絵を描きます。下絵の太い線の輪郭にそってカッターや印刀で切れ込みを入れ、さらに外側から斜めに切り込んで溝を彫ります。

つまり、下絵の太い線の部分だけを残して、その両側に溝を彫るような感じになります。

できあがった消しゴムはんこは、そのままでは薄くて持ちにくく押しにくいので、何か手頃な物にボンドで貼り付けます。こうすると持ちやすくなります。

はんこのデザインは、教師の名前や似顔絵、口癖や特徴のあるマークなどがおもしろいと思います。

ポイント

◎オリジナルの文字やイラストを彫る
◎取っ手になる物にボンドで接着する
◎プリントや宿題の点検に用いる

●私の場合

100円ショップで5個100円の安価な消しゴムを買ってきて、消しゴムはんこをたくさん作りました。

目玉のイラストを描いて「見たよ」と入れたり、「あんたはエライ！」と書いたり、鬼のように目がつり上がっている自分の顔を描いたりと、いろんなはんこを作りました。

それらは、市販のはんこの木製の取っ手の部分にボンドで接着して使いました。市販のはんこを押す機会はほとんどなく、いつも手作りはんこを押していました。

手作りのはんこには、あたたかみがあり、子どもたちはとても喜んでくれていました。

たまに押す市販のはんこが逆に新鮮に感じたりしたものです。

マイキャライラストを持て

自分のキャラクターイラストがあれば、黒板やノートやワークシートに描いたり、メッセージを言わせたりできて効果的。

教師自身の特徴をとらえたキャラクターイラストがあると何かと便利です。考えるのはそれほど難しくはありません。たとえ似ていなくても、どんどん使っているうちに定着してきます。

キャラクターイラストには次のような使い道があります。

まず、黒板に描いて問題をしゃべらせます。問題のそばにイラストを描き指示棒を描き加えればできあがりです。これがあるだけで板書がぐっと楽しくなり、授業がひきたちます。

それから、ワークシートに描いて指示をしゃべらせます。吹き出しを描いて指示内容を書けばできあがりです。学年便りに載せても喜ばれます。紙面が楽しくにぎやかになります。

そして、子どもたちのノートや宿題にさっと描いて、吹き出しに評価を書いたりコメントを書いたりします。

キャラクターイラストが定着していれば、イラストは教師の分身だと意識され、吹き出しに書かれた言葉は、単なる文字以上に子どもたちの心をつかみます。

イラストはいつでもさっと描けるように十分練習をしておくと、使い道が増えるでしょう。

ポイント

◎自分のキャラクターを絵で考える
◎さっと描けるまで何度も練習する
◎板書やワークシートにどんどん使う

●私の場合

もう何年も前から自分のキャラクターイラストを作って、授業でよく描いています。担任した子どもたちは、幸いにもほぼ全員がこのイラストを気に入ってくれるようです。

ある年、6年生を担任しました。卒業間近になって、学級でお別れ会を催しました。歌を歌い、思い出を語り、最後に子どもたち1人ひとりからいろいろなメッセージをもらいました。メッセージと共に、何人かの子からはプレゼントももらいました。

そのプレゼントの中に手作りのぬいぐるみがありました。私のキャラクターイラストのぬいぐるみです。とってもうれしくて、今でも家のPCのそばに置いてあります。

子どもを頼れ

教師よりも子どもの方が上手なことがある。その時は子どもを頼る。子どもは頼まれれば喜んでやり、自己有用感ももつ。

小学生も高学年になれば、教師よりも上手にできることの一つや二つはもっています。書道を習っていて字がうまいとか、そろばんが2段とか、縄跳びで3重跳びができるとか、イラストがうまいとか、人を笑わせるのが得意とか……。

こういう技が役に立つ場面では、子どもたちに頼んでどんどん技を見せてもらいます。

教師が不得意な技を無理して行うのはかなりの労力が必要ですが、得意な子どもたちにお願いすれば、その分の時間を他に使うことができます。

頼まれた子どもたちも、先生にお願いされるという「誉れ」を感じることができます。技を披露した結果、みんなの役に立つことができれば、自分は役に立つ存在なのだという自己有用感ももつことができます。

子どもたちに自分の得意な技を申告してもらい、それらをまとめて一覧表にします。こうした「一芸バンク」を作っておくと、いろんな場面でいろんな子にお願いができるようになります。

ポイント

◎不得意なことは無理してやらない
◎得意な子どもに技を見せてもらう
◎子どもたちの得意技を一覧表にしておく

●私の場合

「一芸バンク」とは少し趣が異なりますが、「一発芸大会」というのをやったことがあります。

たしか、6年生を担任していた時のことでした。

1人1分以内という条件の下で、自分の最も得意とする「芸」を行います。

歌あり、演劇あり、楽器演奏あり、イラストあり、書道あり、マジックあり、縄跳びあり、体操あり、漫才ありと、本当にたいへんバラエティに富んだ大会となりました。

普段はおとなしい男子が、とっておきのパフォーマンスで教室中を笑わせ、一躍人気者になりました。

私の子ども観も大きく転換したのを覚えています。

行き詰まったら歩く

アイデアが浮かばず仕事に詰まったら、中断して歩く。歩くと気分転換になると同時に血流が良くなり、新しい発想が生まれる。

学校課題研究の計画を立てたり、全く新しい企画案を練っていたり、通知表の所見を書いていていたりする時、アイデアが出なくなり筆が進まなくなることがあります。いたずらに時間ばかりが過ぎて焦ってきます。

こんなときはその仕事をやめて歩いてみます。

歩くと、見えている景色が変わりますから良い気分転換になります。同時に第2の心臓と言われる足の筋肉が動いて、血液の循環を活発にします。その結果、脳に新しい刺激と新鮮な血液が供給され、新しい発想も生まれやすくなります。

歩く場所はどこでも構いません。教室や職員室で仕事をしているならば、教室内を何周かぐるっと回ったり、教室から出て校舎内を一巡したりします。

天候が良ければ校庭に出て歩くのも効果的です。

ただし、他の教員も教室で仕事をしていますから、くれぐれも邪魔にならないように注意して歩いてください。

ポイント

◎アイデアが出なくなったら歩く
◎教室内や校舎内、校庭を歩く
◎歩きながら周りを眺める

●私の場合

通知表の所見を書いていて、文章がうまくまとまらなくなることがあります。そんな時に、よく教室から出て廊下を歩きます。

廊下の端から端まで何回か往復をしながら、窓の外を眺めたり、立ち止まって廊下に掲示してある子どもたちの作品を眺めたりします。

時には、他の学級にお邪魔して教室環境を見学させてもらうこともあります。

よい気分転換になることはもちろん、掲示物や板書の文字を眺めているうちに通知表に書く文言が浮かんでくることもあります。

じっとしているよりは数倍アイデアがわいてきます。

こんなキャラはどうでしょう

●著者紹介

山中伸之（やまなか　のぶゆき）

1958年生まれ。宇都宮大学教育学部を卒業後、小・中学校に勤務。
現在は、栃木県・小山市立旭小学校に勤務。
・実感道徳研究会会長
・日本基礎学習ゲーム研究会研究部長
・MM『kyositu.comニュース』編集長
・日本群読教育の会常任委員
・「でき学セミナー」中央執行部・常任理事
・渡良瀬にこにこサークル代表

著書　『カンタン楽しい!　運動会種目77』（学陽書房）、
『「聴解力」を鍛える三段階指導』（明治図書）他共編著多数

E-mail：yama-san@par.odn.ne.jp
Homepage：http://www.geocities.jp/yamanonaka339/

できる教師のすごい習慣

2008年 4月 1日　初版発行
2010年 12月 17日　7刷発行

著　者――――山中伸之
発行者――――佐久間重嘉
発行所――――株式会社学陽書房
〒102―0072東京都千代田区飯田橋1-9-3
営業部――――TEL03-3261-1111　FAX03-5211-3300
編集部――――TEL03-3261-1112　FAX03-5211-3301
振替口座　00170-4-84240

装丁／佐藤 博　イラスト／坂木浩子

印刷／加藤文明社・製本／東京美術紙工

 ISBN978-4-313-65187-6 C0037